ラ＝トゥールによる
ルソー像（1753）

ルソー

● 人と思想

中里 良二 著

14

CenturyBooks

清水書院

はじめに

ルソーは、今日にもっとも影響をおよぼした一八世紀の思想家の一人である。その影響はきわめて広い範囲にわたり、哲学・教育・文学・政治・宗教等の諸問題におよんでいる。人間の自由と平等をとなえ、民主主義を表明したルソーは、「近代の父」と呼ばれるのにふさわしい思想家であるが、今日においてなお、かれが問題としたものはわれわれの問題でもある。ここにルソーの新鮮さがあり、われわれを引きつけるものがある。

ルソーを理解しようとするとき、その人や生活を知ることも一つの重要な手段である。とりわけルソーの思想は、ルソーの全体そのものであろう。しかし、ルソーが問題としたものをみるとき、やはり、その時代や、先人および同時代の人々の影響も無視することはできない。ルソーの思想は、その特異な才能と性格におおいに依存しているとしても、けっしてそれからのみ生まれたのではない。このような意味と、また、この小著が含まれるシリーズ・「人と思想」の趣意に従って、本書においては、ルソーの一端でも知ってもらうために、最初の部分でその時代の概観を、次いでその生涯をみ、さらにルソーの思想をおもに「エミール」、「学問芸術論」、「人間不平等起源論」、「社会契約論」等によって、その教育思想と政治思想を中心として述べた。勿論、これによってルソーの思想のすべてを述べたことにはならないが、その概要は知ることができよう。さらに興味ある読者は、すすんで、ルソーの著作そのものを読むようにされたい。ルソーは、おおくのことを直接われわれに語ってくれるであろう。

なお、本書の出版にあたって、写真を提供してくださったスイス大使館、また、その労をとっていただいたクネヒト氏、ならびに清水書院の方々に大変お世話になった。ここに厚く感謝の意を表する次第である。

中　里　良　二

目　次

I　ルソーの生涯

Ⅱ　ルソーの思想

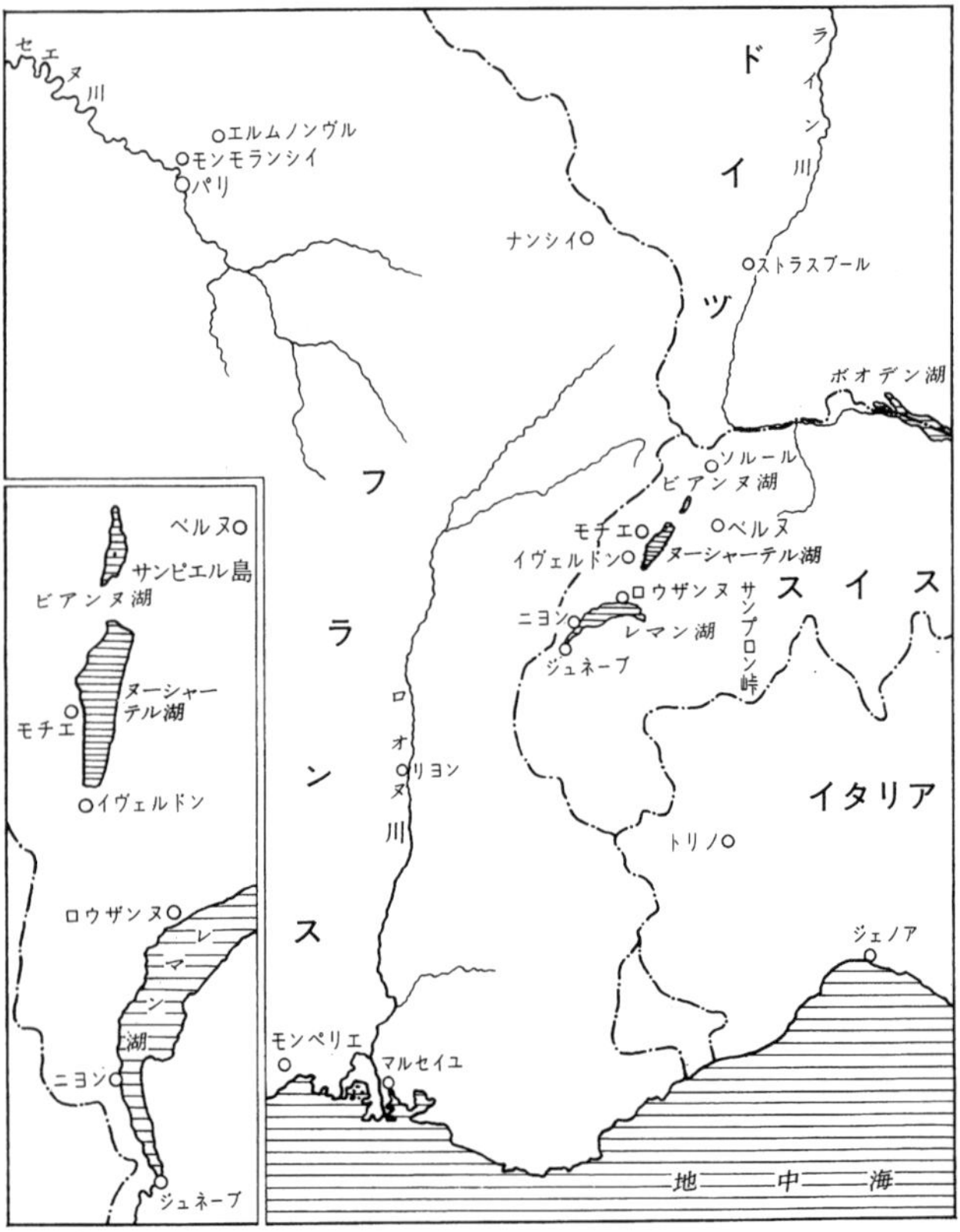

ルソーが活躍した当時のヨーロッパ

I ルソーの生涯

ルソーの時代

絶対王朝の成立

ルソーが生まれたのは一七一二年であり、それはほぼ、ルイ一四世の没年と時を同じくしている。周知のように、フランスではユグノー戦争の後、アンリ四世、その大臣のリシュリューやマザランが出て王権が強められたわけであるが、ルイ一四世はそれをひきついで絶対王朝を完成した。これによって封建領主の勢力は衰え、フランスにおける中央集権は確立されるにいたった。「朕《ちん》は国家である。」と、ルイ一四世が本当にいったかどうかには問題があるが、かれはその強力な権力で、きわめて独裁的な政治を行なった。しかし、こうした政権は完全に封建制度を脱却したものではなく、本質的には中世的な宗教的権威にささえられていた。

ところで、ルイ一四世の権力の基礎となったものは、その強力な軍事力と官僚制度と経済力であった。自らの軍事力を持つことは、絶対君主の権力を強めるためには必須《ひっす》の条件であったが、ルイ王朝においては陸軍大臣のルーヴォアがでて、陸軍をまったく近代的なものにしあげているし、火薬の発明以来、変化した戦術に即応する兵器の製造技術もこの時代に発達した。また、封建勢力を弱め、その政治を国の末端まで行きわたらせるためには、官僚制度を整えることもたいせつであった。それまでは、地方の政治は諸侯が行なっていたが、ルイ一四世の時代では、代官や補助官がおかれて中央の政治を地方まで徹底させた。それによって諸侯や僧侶の勢力は衰えていった。

　このように、軍隊や官僚は王の絶対的な権力の維持には不可欠のものであったが、そのためには大きな経済力が必要であった。そこで税制が整えられ、また、新興の商人やマニュファクチュアの人々との結びつきが強められていった。したがって、重商主義の出現は当然のことであるといえよう。

コルベルティスム

　フランスでは、コルベールが、ルイ一四世のもとで重商主義を完成させている。フランソワ一世以来、フランスでは国家財政上の困難はいちじるしいものがあった。国家は、官職を売ったり、王室領を売ったり、また、資本家から借金をしてそれを切りぬける手段を講じていたが、コルベールはそれらをやめ、むしろ、あらゆる種類の工業および商業を盛んにすることによって、国家の財政を豊かにすることをはかった。フランスでは、アンリ四世のころから工業が起こったが、コルベールは国家の保護を与えることによってそれを育成した。それはおもに武器製造、冶金《やきん》および織物などであったが、外国からの技術を導入したり、外国からの輸入品には重税をかけるなどして、それをますます発達させた。その結果、オランダ・スペインなどへの輸出も多く行なわれた。

以上のような、ルイ一四世の治世のもとでは、また、はなやかな宮廷生活もくりひろげられた。そして、一六六一年のマザランの死後、ルイ一四世が直接外交を指導するようになってからは、戦争が起こった。ルイ一四世がその子アンヂュ侯をスペインの王位の継承者としようとして起こったスペイン王位継承戦争は、その代表的なものであった。一四年間も続いたこの戦争の失敗は、フランスに財政上の困難をもたらすにいたった。こうしてフランス絶対王朝の衰微が始まる。

絶対王朝の衰微

太陽王と呼ばれ、ヨーロッパの中心的存在であったルイ一四世が一七一五年に没し、その後をついだのはまだ幼少のルイ一五世であった。ルイ一四世は莫《ばく》大な借金を残して没したため、ルイ一五世の時代でももっとも緊急な問題は財政の建て直しであった。これに努力をしたのはジョン＝ロー（一六七一—一七二九）であった。かれはスコットランド人であったが、銀行については非常に精通していた。かれは一七一六年に私設の銀行を起こし、紙幣を発行し、それを流通させることによって財政を救おうとした。かれのやりかたは、銀行の方法を国家の財政の領域に適用することにあった。すなわち、かれは、国家は銀行員でなければならないとし、国家は個人の金を受け取り、そして、それになんらかの収益を生じさせねばならないと考えたのである。

そこで、かれは一覧払いの銀行券を発行した。それは、通商や投機の増大にしたがってふえていった。その利益から国家は債権者に払おうとしたのである。しかし、銀行による莫大な紙幣の発行は、かえってインフレをひき起こす結果となった。また、ローは国家財政を救うために「西方会社」を設立し、アメリカ植民地における独占的商業を行なったが、それは一般の人の投機熱をそそった。しかし、実際の利益はなく、有価証券の暴落を招き、また、紙幣の価値もそれにつられて失われた。こうした一連のローの政策は失敗に終わり、財政はますます悪化したが、ローの唯一《ゆいいつ》の功績は、金融制度の発達をもたらしたということにある。ローの後には、フルウソー・ショワズール・トゥレーなどがでて、それぞれ財政の再建に力をつくした。しかし、第一次七年戦争・第二次七年戦争などによって、ますます財政は困難になってゆくばかりであった。こうした状態をそのままルイ一六世はついだわけであるが、かれは特権階級に対する課税などを試み、それによって財政の建て直しをはかったが成功せず、フランス絶対王朝はこれによって崩壊した。

資本主義の芽ばえ

フランス絶対王朝においては、貴族の勢力はきわめて弱くなった。この時代の貴族は、その特権として税金の免除、軍務の免除、課税権やさらには裁判上の権利などをもっており、その勢力は三部会や地方議会において僧侶《そうりょ》についでいた。しかし、その政治的権力は、この時代にほとんど失われた。これに対して、僧侶は財政的にも強く、また、それ自体の裁判組織をもつなど、その勢力はきわめて強かった。

このような情勢の中に、ブルジョアジー・農民・職人・労働者などからなる第三階級があった。この中でブルジョアジーは、すでに経済的な力が強く、政治的権力こそないが、その一部は貴族に成り上がるものもいた。王室はもちろん、当時、きわめてはでな生活をしていた宮廷の貴族も、このブルジョアジーから金を借りるものが多かった。しかし、下層のブルジョアジーは上層のブルジョアジーが金融貴族であるのに対し

「人間不平等起源論」
のさしえ

て、ほとんど一般人民と変わりがなかった。

ところで、すでにみたようにブルジョアジーの成長は、ローの政策に起因するところが大であるが、産業の発展、交易の増大は、フランスの経済組織を根底から変えようとしていた。すなわち、それまでの土地所有の上に成りたっていた自然経済から貨幣経済への移行がそれである。当時の農民は、小作人と折半小作人とに分けられるが、それの所有する土地はきわめてわずかであり、生活はいちじるしく窮迫し、土地を手ばなすものが多かった。そして、かれらは多く手工業に従事することを余儀なくされた。また、ここには工業の機械化の芽ばえと資本の蓄積がみられ、資本主義が生まれつつあった。こうして、微力な親方や職人もブルジョアジーの強力な経済力のもとでは、もはやその経済的独立を保つことはできなくなってゆき、ついに商人になれなかったものは、単なる労働者に没落していった。

こうした第三階級が貴族や僧侶と比べて、とくに税金においてなんら保護を受けず、まったく不平等にあつかわれていたということは、とくに記さねばならないことである。すなわち、貴族などの特権の裏には、重税にあえぐ第三階級の大部分をなす農民の苦しみがあったのである。当時、戦争により、財政的困難はいちぢるしかったが、それにもかかわらず、国王は乱費を続けていた。また、官吏の腐敗も財政の困難に輪をかけていたが、貴族・僧侶はタイユやカピタションをまぬがれていた。それを負担したのは、多くの農民であった。農民は、当時、約二、二〇〇万人ほどであり、フランス全人口の九〇パーセントを占めていたから、特権階級がまぬがれていた税金を、農民が大部分を負担していたことになる。また、そのほかに、ディームという租税があって、農民は、その収穫の一〇分の一を教会に納めねばならなかった。こうした惨状にあった多くの人々の不満と反抗は、やがてフランス革命において爆発するもとになった感情をかもしだすことになった。

ルソーの時代の思想状況

一般的特徴

フランスにおける一八世紀の精神を代表するものは、科学的精神と啓蒙思想である。自然科学の発達は実生活に応用され、資本主義の発達をうながすにいたった。しかし、それは同時に「自然」を重んじる気風となって、人間の思想にも大きな影響をおよぼしたことは、否定できない事実である。

また、啓蒙主義は、こうした自然科学の発達の影響を受けており、そこには自然科学的な合理主義がみられる。そして、人間の社会をそのような精神で解釈しようとしたところに、その特色をみることができる。したがって、そこには人間の理性の力への信仰がいちじるしく、理性の力をもってすれば理解できないものはないと考えられていた。そのような精神が、社会の不平等や不合理な習慣を批判し、それを打破し、新しい理想的な社会の建設を目ざさせた。そのためには、人々の蒙《くら》い（くらく、小さい）心を啓《ひら》かねばならないと、啓蒙主義者たちは考えたのである。

ベール

さて、フランスにおける啓蒙思想への道を準備した作家の中で、もっとも大きな影響力をもったのはピエール＝ベール（一六四七―一七〇六）である。かれは、人間の精神の生来の弱さを主張したもっとも穏健な懐疑論者である。かれは信仰を理性の領域外においたが、一見宗教に敬意を表しながら、宗教の教義を信仰する理由を否定している。こうした考えをあらわしているかれの「歴史批評辞典」（一六九五―一六九七）は、一八世紀における「無信心者の無尽蔵の宝庫」であったといわれている。こうして、かれは宗教と理性とを分離しただけでなく、宗教と道徳をも分離した。かれは、道徳は良心にのみ依存し、宗教は人間の行為には何も影響しないと考え、人間の行為に自律的要素を認めた。

フォントゥネル

以上のようなベールに対してフォントゥネル（一六五七―一七五七）は、科学的精神を一般的にした人として有名である。かれは元来デカルト主義の人であるが、とくにその著「多数世界問答」（一六八六）においてデカルトの天文学上の理論を一般化している。しかし、かれは、デカルトのすべてに従ったのではなく、その形而上《けいじじょう》学は無視しており、他方、ニュートンの力学に注目し、一七二七年には「ニュートン賞賛」を出版している。こうして、フォントゥネルは科学的精神を一般に普及することにつとめたが、自然を考察することによって、神の証明をなそうと試みた。また、かれは「伝説の起源」（一六八六）をあらわして、その中で、伝説や神話は事象の説明から生じているが、想像力によるべきものであって、けっして知性によるべきものではないとしている。そして、現代では事象を説明するためには、科学的説明が神話的説明に代わらねばならないとしている。かれは晩年には、われわれの観念はすべて感覚的な経験に帰せられねばならないと考えた。

モンテスキュー

さて、以上において、フランス啓蒙主義の二つの特色、すなわち、理性と科学的精神を尊重する二人の代表的人物をみたが、フランス啓蒙主義の特色には、さらに人間の社会的・政治的生活を理解させようとすることがある。それを代表するものはモンテスキュー（一六八九—一七五五）である。かれは専制政治をにくみ、自由を叫んだが、その著「法の精神」（一七四八）において、社会と法律と政府についての比較研究を行なっている。その序文の中で、かれは「わたくしは、まず人間を検討した。そして、無限の多様をもっている法律と慣習においては、人間は、その気まぐれによってのみ導かれているのではないと確信するようになった。」といっている。モンテスキューの考えは、歴史的資料からの帰納の結果であるが、異なった政治社会における実定法（社会に現実に行なわれている法。現行法）の組織は、国民の気質、自然環境、政体の原理、気候、経済的条件などに関係があり、これらの諸関係の全体が法の精神を形成しているとする。

周知のように、モンテスキューは三権分立を主張したが、それは、絶対君主制の否定を意味していた。したがって、モンテスキューの理想としたものは共和制であった。当時のフランスの政治組織をきらっていたかれは、英国のそれに目を向け、それに模範を求めた。こうしたことは、かれの政治的自由についての考え方の中によくあらわれている。モンテスキューにおいては、政治的自由はなんら拘束されない自由を意味していない。すなわち、モンテスキューによれば、それは欲すべきことをなすことができ、また、欲してはならないことをなすべく強制されていないということにある。要するに、かれのいう「自由」とは、法律が許すものはなんでもなしうる権利があるということを意味している。すなわち、自由な社会にあっては、市民は法律によって許された方法で自由に行為してよいのであり、法が禁ずることを行なうことができるというところには自由はないとするのである。しかも、政治上の自由のためには、権力が分離されるべきであるとモンテスキューは考えた。こうした考えは、アメリカ革命およびフランス革命の両方に影響をおよぼしている。

ヴォルテール

以上のようなモンテスキューのほかにヴォルテール（一六九四—一七七八）をあげることができる。かれは、はじめ人間の自由意志を認めたが、後、コリンズの影響を受けて、人間の自由については決定論的な立場をとるようになった。しかし、政治的自由についてはそれの擁護者であった。かれは人間の権利に関しては、それは国家によって尊重されねばならないとし、また、英国において行き渡っていた自由の諸条件を賞賛した。しかし、かれは、人民による支配の促進という点では、けっして民主主義者ではなかった。かれはルソーと同じような平等の考えをもつことはできなかった。むしろ、かれはその点では保守的であった。

かれの理想としたものは、絶対的な君主制であり、また合理主義的な独裁であった。したがって、かれはおろかな大衆を軽蔑《けいべつ》していた。すなわち、かれは、人類の進歩を願い、それに生涯努力したが、その実現のためには、むしろ絶対君主を当てにしたのであり、民衆によっては、それはもたらされないと考えていた。このようなヴォルテールがフランス革命を予言したとして、国民議会でフレラールに賞賛されたとしても、かれは、本質的には保守的であり、マティエによれば、「君主制とその敵との間の争いにおいては、ヴォルテールは、つねに君主制の側に自らをおいた。」のである。むしろ、かれは君主制の強化を考えており、そのためには教会の権力から君主政体が自由になることを考えていた。

百科全書派（ディドロとダランベール）

あとでみるように、ルソーは一七四二年、パリにゆきディドロなどと識《し》るようになり、一七四九年には、ディドロから「百科全書」の中の音楽の項を書くように依頼されている。このように、ルソーは「百科全書派」の人々との関係が深かったわけである。

さて、フランスにおける啓蒙主義において、「百科全書」の果たした役割は大きいが、それは一七二八年に刊行された英国のチェンバースの百科辞典をフランス語に訳すということに、本来、ヒントを得たものである。「百科全書」は当時、アカデミーの会員であったダランベールとディドロによって編集された。当時にあっては、アカデミーに属している人に書物を書かせるということは、出版社にとって、それが売れることの保証でもあった。その第一巻は一七五一年七月に、第二巻は翌五二年一月に出たが、王室参事院はそれを発禁にしようとした。それは王の権威に害を与え、独立の精神を助け、風俗を乱し、さらに、無信仰をもたらし、教会の権威を破壊するという理由からであった。しかし、それにもかかわらず百科全書の刊行は続けられた。一七五八年にはダランベールが編集から手をひくという事態も起こったが、それでもディドロは刊行を続けていった。一七六五年には八巻から一七巻までが出版され、さらに五巻の補巻と二巻の索引とがアムステルダムで印刷された。こうして「百科全書」は、図版を含めて全部で三八巻となって一七八〇年に完成された。しかし、これは項目の選定などにおいて一定の規準がなく、まちまちであり、全体からみれば無統一のものであった。それにもかかわらず、この百科全書の意義は、単なる知識のための辞典ということにではなく、むしろ当時の教会や政治体制に反対するイデオロギーの中にあった。そして、それはミシュレがいうように、単なる書物以上のものであり、まさに一つの結社であった。

「百科全書」におけるディドロとダランベールの組み合わせは、前者が冒険的で叙情的であるのに対して、後者は慎重で保守的であり、方法的であったように、たがいに長所を生かし、短所を補い、きわめて有意義であった。それればかりでなく、ディドロは百科全書の序文をアカデミー会員であったダランベールに書かせたが、それは百科全書を一般に示すのには、もっとも適した人物であった。それによって、意地悪い哲学者もそれを信頼したからである。

ルソーの人とその影響

ルソーという人

ルソーは自ら「わたくしは偏見の人であるよりは逆説の人であるほうがよい。」といったが、かれは偏見やドグマティスムの破壊者であると同時に、真理の熱心な建設者であった。ルソーは、「生命を真理に捧《ささ》げるべく」というローマの詩人ユヴェナリスの詩句をモットーとしていた。そして、真理を一般の人々によって常識的に認められているものの中に見いだそうとするよりも、むしろ自らの目に真理と思われるものしか真理としなかったし、また、そのモットーにけっして反しなかった。そこには、何ものにもとらわれない自由の精神がみられる。ルソーは、その著作によって多くの人を感化しただけでなく、何ものものうちかつことができなかった自由の精神によって導かれたかれの生活そのものも、また、われわれに大きな教訓を与えてくれる。かれは身をもって社会の噓言《きょげん》に抗したのであった。

ルソーほど、その中に「天才と狂気」をもっている人は少ないであろう。また、かれの中には、「非常に激しい感情と鈍重なあらわれ方をする思想」とが和することなく並存していたが、それがかれの思想と実践との不一致をもたらしているといえる。ほとんど正規の教育を受けずに、自らきわめてゆっくりと知的な発達をとげたが、ルソーはその精神のほとばしりにおいては、冷静な抑制力をもたなかった。

家庭的に恵まれず、早くから放浪をしたルソーは、平気で嘘《うそ》をつき泥棒もした。また、生まれたわが子は次々に捨てた。しかし、中年からは、徳を求めるようになり、それに熱中した。そして、自らの罪を自ら責め、それに泣き、正直な人間になった。こうして、道徳的に完成されていったが、かれは、さらに完全な魂をもとうとした。裏切られ、追放され、迫害され、ほとんど気が狂ったほどになっても、かれは自らの理想を追うことに夢中であった。

ところで、ルソーの欠点の一つに高慢ということがいわれているが、それは、自らの才能についてのそれではなく、むしろ徳についてのものである。それには子どものころ読んだプルタルコスの影響もあったといわれている。その英雄を自らと同一のものとすることによって、超人的な徳を心に描いたのであろう。そして、かれは清貧にあまんじた。かれは、その波乱万丈の生活の中で、幸運がやってきても、いっさいの利益を拒絶し、貧乏のままであった。金で飾った従僕にはならなかったのである。

ルソーの生涯は自由と真理の探求のための、苦しみに満ちた生涯であったとみることもできよう。しかし、かれはそのために、自らをあざむくことがなかったのであるから、その人生は、むしろ充実した、幸福な人生であったというべきであろう。

ルソーの影響

ルソーの影響は、哲学・教育・文学・政治などの広範囲にわたっている。たとえば、かれの「新エロイーズ」と「エミール」は、当時きわめて多くの人々によって読まれたが、ベルナルダン＝ド＝サン＝ピエールはその影響について次のようにいっている。

「女王たちは、その子どもに自ら授乳し、大王は自ら手の職を習った。金持ちは英国風の田園趣味の楽園を造ろうとした。」

ルソーの読者の多くがまったく夢中になって、ルソーの著作中の主人公に、自らを似せようとしたという手紙が数多く残っている。このように、田園生活の趣味や自然感情の趣味が、徳の生活にあこがれる趣味とともにヨーロッパに広まった。

また、ルソーの「社会契約論」は、その存命中にはあまり広くは読まれなかったが、かれの死後、革命家たちの福音書になり、デモクラシーの精神を発達させるのに役だった。そして、一七九三年には、ロベスピエールとサン＝ジュストは、「社会契約論」を典拠として国民公会憲法をつくったという。

たくさんの作家が、フランスのみならず、諸外国においても大きな影響を受けている。

フランスにおいては、スタエル夫人・シャトーブリアン・ラマルティーヌや、ジョルジュ＝サンドがいる。

ドイツにおいては、シュトゥルム-ウント-ドラング（一七六七年ごろから一七八〇年ごろにかけてのドイツの文学運動）が、ルソーの影響のもとで始まり、たとえばレンツは「家庭教師」で「新エロイーズ」と同じテーマをあつかっている。さらにカントが直接影響を受けているほか、ヘルダー・フィヒテ・ゲーテ・シラーへの影響も強い。

英国においては、ゴールドスミス・クーパー・ワーズ＝ワース・バイロン・ジョージ＝エリオットなどがルソーを賞賛し、その影響を受けている。

また、ここで教育思想への影響についていえば、ペスタ－ロッチは、「エミール」が公けにされたときまだ六歳であったが、後にそれを読んだことが、かれの人生の方向を変えたといわれるほど、ルソーの影響を受けている。さらにフレーベルやヘルバルトへの影響もみられる。ルソーの時代に近い人々への影響は以上であるが、教育において子どもの自由を尊重するルソーの精神は今日においてもなお生きている。

フランス革命への影響

ルソーがフランス革命において、ただ一人《ひとり》の先駆者であるということはできないが、モンテスキューや「フィロゾフ」とともにその一人であるということはできよう。一七九一年十二月二十九日、デュマールは国民議会でルソーの像を建てることを提案する演説の中で、

「諸君はジャン＝ジャック＝ルソーの中に、この大革命の先駆者をみるだろう。」

といっている。また、マラは一七八八年に公共の広場で「社会契約論」を読んでそれを注解し、それを熱心な聴衆が拍手喝采《かっさい》したという。さらに一七九一年には、モンモランシーに建てられたルソー像には「われわれの憲法の基礎をつくった。」と刻まれている。このような例だけによってみても、ルソーのフランス革命への影響がいかに大きかったかがうかがい知られるが、一七八九年の「人権宣言」はきわめてルソー風であるとしても、そのすべてをルソーに帰することはできないであろう。ルソー以外にそのような思想はすでにあったのであり、とくにアメリカ革命の影響は無視できないであろう。しかもロックは、ルソーを含めたいわ

ゆる「フィロゾフ」に影響しているが、かれはまたアメリカ革命にも影響している。

　ルソーをフランス革命との関係でみるとき、その道徳的な人間像も考え合わせねばなるまい。フランス革命当時、ルソーは「社会契約論」よりも、むしろ「エミール」や「新エロイーズ」で有名であり、また、迫害の中にあっても有徳の人であり、真理の武器をもって勇敢に闘った人として象徴化されていた。それが革命家の典型とされたのでもあろう。事実、ルソーは、苦しむべく運命づけられてはいたが、けっして人間への愛を失わなかった。こうしたルソーの死後、ポプラ島のかれの墓地にはおまいりをする人があとをたたなかったという。こうしてみれば、道徳的模範としてのルソー像も、市民的自由を唱えるかれの社会思想を広めるのに一役買ったと考えられよう。

ルソーの生涯

放浪時代

ルソーの家系

ジャン＝ジャック＝ルソーは、一七一二年六月二十八日にジュネーヴのグラン－リュー街の家で生まれた。父はイザック＝ルソー、母はシュザンヌ＝ベルナールである。

ルソー家はもとはフランスの出であるが、ルソー自身はその先祖については少しも語っていない。しかし、ディディエ＝ルソーと呼ばれた先祖の一人が、ジュネーヴに移ったのは一五二九年のことであり、それ以来、ルソー家はジュネーヴに居を定めることになったといわれている。ディディエはパリの近くのモンテソに生まれ、後にパリに出て、その父アントワーヌと同様、本屋を職業としていたようである。当時、フランスにおいては宗教上の争いがあちこちで起こっていたが、プロテスタントであったディディエがジュネーヴに移ったのは、信仰の自由を求めてであったという。かれは一五五五年にブルジョアジーとして認められている。

イザック＝ルソー（一六八〇－一七四五）は腕のよい時計職人であった。一時、ダンスの教師もしたことがあ

ルソーの生家

るが、気ままで陽気であり、また強情な性格でもあった。しかし、ジャン＝ジャックに対してはやさしい父であった。

シュザンヌ＝ベルナール（一六七三―一七一二）は、三十九歳でジャン＝ジャックが生まれてから九日目で他界したが、彼女についてはほとんど知られていない。ベルナール家はルソー家に比較してはるかに裕福であり、とくに彼女の父方の先祖には実業家や教授や牧師が多かった。また、その母方の先祖はジュネーヴの近くのサボワの出であったという。ジャン＝ジャックはその母について「賢さと美しさを兼ねそなえていた」と述べているが、それがかれに伝えられたすべてであったろう。

かれは生まれたとき、病弱であった。また、かれは「敏感な心」を父母から伝えられた。それがかれの一生のあらゆる不幸のたねとなった。

ルソーの家庭教育

生まれたときから病弱で育ちそうになかったジャン＝ジャックをやさしく世話し、丈夫にしたのは父の妹のシュザンヌ＝ルソー（一六八二―一七七五）であった。ジャン＝ジャックが生みの母によって育てられたとすれば、あるいはまったく異なった人生を歩んだかもしれない。シュザンヌ叔母《おば》さんは、ジャン＝ジャックをまっすぐに教育するというむずかしい仕事にはまったく不適格であった。ジャン＝ジャックは、この叔母からはとくに「音楽の趣味」というよりも「音楽に対する情熱」を教えられたが、それ以外にはこのわがままな少年に影響を与えたものはなかったようである。

　ジャン＝ジャックは、十歳になるまで父親以外の先生をもたなかった。亡き妻の面影をいつまでもいだいていたやさしい父も、また情感にあふれていた。かれはジャン＝ジャックに、たびたび「お前のかあさんの話をしよう。」というのであった。するとジャン＝ジャックは「ええ、だけどおとうさん、わたくしたちはまた泣くのでしょう。」と答えるのであったという。そして、すぐに父の目には涙があふれたという。このような環境で育ったジャン＝ジャックは、「わたくしは考えることの前に感じた。これは人間性に共通なことである。わたくしは、それを他の人よりも強く感じた。」といっている。

　父親は幼少のころのジャン＝ジャックの教育には特別の関心をもっていたようである。かれは六歳になると読むことを教えられた。かれが読んだ本は亡《な》き母が残していったもので、そのほとんどが小説であった。はじめ、読書はただ読解力をつけることが目的であった。しかし、興味がだんだん強烈になって、夜、父と二人でかわるがわる一冊の本を終わりまで読んでしまうのであった。それは、時には、明け方まで続くこともあった。しかし、このような読書の方法は、かれにとっては、むしろ不幸なことであった。ルソーはこのことに関して次のように告白している。

「わたくしは事物についてのどのような観念ももっていなかった。しかし、いっさいの感情をわたくしはすでに心得ていた。すなわち、わたくしは何もわからなかった。しかし、わたくしはすべてを感じていた。わたくしが続けざまに経験したこのような曖昧な情緒は、まだわたくしがもっていなかった理性を悪くしはしなかったが、それは別の種類の理性をつくりあげ、わたくしに人生についての奇妙でロマネスクな観念を与えた。そして、人生の経験とその反省も、けっしてそのような考えのわたくしをなおすことができなかった。」

かれの読書は八歳になるとますますむずかしくなっていった。たとえば、かれが読んだものは、ボッシュエ・ル＝シュウール・オヴィディウス・モリエールなどのものであり、とくにプルタルコスのものが読まれた。一七二〇年の冬はこうした読書で過ごしたが、かれはアゲシラス・ブルトゥス・アリスチデスといった人物も好んだ。かれは自分を小説の主人公と同一視して得意がったりした。かれが自由を愛するようになったのは、こうした読書が原因でもあったろう。また、かれの共和主義的な精神も、拘束や隷属についての堂々とした我慢《がまん》のできない強情な性格も、それによっていたという。こうした精神や性格はかれの一生を通じて支配的であり、かれはそれに悩まされたのである。また、ルソーは後に、父から知らぬ間に一つの道徳的大格言を学びとっていた。それは、「義務と利害が衝突するような立場と、他人の不幸の中に自らの利益が見いだされるような立場は避けねばならない。」ということであったという。

ボセーの生活

父の教育はかれが十歳のころ終わる。一七二二年十月のこと、イザック＝ルソーは、ちょっとした過失からゴーティエというフランスの大尉と口論をし、剣を抜いたというかどで告発された。その結果は、イザックが罰金と三ヵ月の入牢《じゅろう》という宣告であった。かれは、名誉と自由を守るためにニヨンに逃がれた。この事件がルソー一家を破壊することになった。ジャン＝ジャックより七歳年上の兄フランソワは奉公にだされ、ジャン＝ジャックは母方の叔父《おじ》であるベルナールの家にひきとられた。かれにはアブラハムという息子《むすこ》があった。この二人《ふたり》の少年はボセーのランベルシェという牧師のところにやられ、かれらはこの村で二ヵ年を過ごすことになる。

ボセーの司祭館

　ここでの寄宿生活で、ジャン＝ジャックはよく折檻《せっかん》を受けた。これは、かれの性格形成上きわめて重要な意味をもっている。それは、牧師の妹、ランベルシェ嬢（一六八三—一七五三）によってなされたものである。彼女はそのころ四十歳ぐらいであり、独身であった。ジャン＝ジャックに対して、彼女はあたかも母のような威厳をもち、また愛情をもっていた。そして、かれが何か悪いことをしたときは平手で打つのであった。ジャン＝ジャックは、ランベルシェ嬢からそれを受けるとき、その苦痛と恥ずかしさの中に、それをもう一度受けたいと思わせる肉感がまじっているのに気がついた。このランベルシェ嬢による平手打ちが、ルソーに他の型の愛の満足を欲させることを不可能にし、また、これが以後のジャン＝ジャックの趣味や情熱を決定したともいわれている。こうして、かれは愛を隷属の感情であると考えるようになったし、女性を誘惑したり、征服したりするために必要な術を軽蔑するようにもなった。

ジャン＝ジャックがここで受けた特記すべき折檻に、かれがまったく潔白であったのにもかかわらず、きびしく行なわれたものがある。それは、ランベルシェ嬢の櫛《くし》の歯がとれたのを、かれが犯人とされてなされたものであった。この事件は、かれが五十年たった後に、なお無実であると述べているように、かれには、まったく身におぼえのないことであった。しかし折檻は非常にきびしかった。これについて、かれは次のように書いている。

「わたくしはどれほどそのときの様子がわたくしを悪いとしているかを感じるための理性も、また、わたくしを他人の立場におくための十分な理性もまだもっていなかった。わたくしは自分の立場だけにわたくしをおいていた。だから、わたくしが感じたすべてのことは、わたくしが犯したのではなかった罪に対するきびしい懲罰のぞっとするような恐ろしさであった。肉体の苦痛は猛烈であったけれど、わたくしにはそれほど感じられなかった。」

このような無実の罪に対する折檻に、かれは最初の不法への憤りを感じた。これについて、かれは、さらに次のように書いている。

「この暴力と不法の最初の感情は、わたくしの魂の中に非常に深くまで刻みつけられて残ったので、それと関係のあるすべての観念はこの感情をもたらす。そして、もとはといえばこの感情はわたくしに関するものであるが、それ自体において強固となり、まったく個人的な利害をはなれたので、わたくしの心は、そうしたことを見たり、聞いたりすると、それが行なわれる対象や場合にかかわらず、あたかも、その結果がわたくしの上にふりかかったかのように燃え立つ。」

その不法への怒りは非常に激しいものがあった。それだけに、また、かれを自暴自棄にした。ルソーにとって、この事件が、かれの平穏な子ども生活の終わりであった。そして、それ以来、かれは悪いことをすることを、だんだん恥とは思わないようになっていった。しかし、その反面、しかられることがますます恐ろしいものとなっていった。こうしてルソーは、徐々に自分の悪事をかくしたり、強情をはったり、嘘《うそ》をつきはじめていった。この事件の後、やがてルソーは従兄《いとこ》といっしょにボセーを去り、ジュネーヴに帰ることになった。ここで二年ないし三年間は、二人ともほとんどこれといったことをしないで過ごした。

徒弟奉公

一七二五年四月二十六日、ルソーはアベル＝デュコマンのところに徒弟奉公にやられた。その前にかれは、市の書記であるマスロン氏のところに代訴人の見習いにやられている。しかし、それはルソーにはもっとも適しないものであり、マスロンのところの他の見習者によれば、ルソーは鑢（やすり）をかけることにしかむいていないというのであった。かれが徒弟にだされるようになったのは、こうした結果からであった。

彫刻師であったデュコマンは、当時二十歳であり、結婚したばかりであった。そして、かれにはまだ弟子《でし》

若き日のルソー

の教育に専念できる余裕もなく、ましてや威厳をもって弟子を訓練することもできなかった。弟子の生活はすべてにおいて非常に窮屈であった。かれは弟子にはきわめて横暴に振る舞った。こうしたことが、わずかの間にルソーの幼年時代のすべてのみずみずしさをくもらせ、また、かれの情深く快活な性格を失わせ、無気力なものにしてしまった。とくに親方の暴虐は、ルソーをさらに嘘つきで、なまけ者で、しかも泥棒をするような人間にしてしまい、それは、それから後なかなかなおらなかった。このことに関してルソーは次のようにいっている。

「渇望と無気力は、かならず人をこのような結果にする。すべての従僕がずるく、また、すべての徒弟がそうならねばならないのも、このような理由からである。しかし、かれらの目にうつるものが手に入れることのできる、平等で落ち着いた身分にだんだんなってゆくにつれて、かれらはこの恥ずべき傾向を失う。」

しかし、ルソーには、そのような状態が訪れなかったので、悪い傾向はなかなかなおらなかった。ルソーがはじめて盗みを働いたのは、他人に気に入られようとしてであったが、それがきっかけで、親方の家で、いろいろ盗むようになった。ルソーは、盗みは親方の暴虐に対する当然の報いと考えたのである。

ところで、ルソーはこの徒弟時代にふたたび読書を始めている。というのも、かれはこの時代に、徒弟という身分にふさわしい悪徳を身につけたが、かれはそれをどうしても趣味にすることができず、また、あまりもの窮屈さが仕事をする気をなくさせ、そして、すべてがいやになったからであった。かれは、ラ＝トリビュという年をとった女の貸本屋でいろいろな本を借り、それをむさぼるようにして読んだ。あるときは細工台で、また、使いの途上で、またあるときは便所の中でというふうにして読み、まったく時間を忘れてしまうのであった。本を読んでいるのを見つかり、親方に本をとりあげられることもあった。借りた本が裂かれたり、焼かれたり、窓から投げだされたりすることもあった。それでもルソーは本を読んだ。日曜日ごとにもらう祝儀の三スーがきまって本を借りることのために使われた。そして、一年たらずで、その店の本を全部読みつくしてしまった。ルソーのこうした読書は、かれを高尚な感情にひきもどし、また、それがかれの悪童の趣味をなおしたのであった。

また、この読書はルソーの肉欲をしずめるのに役立った。それは読書において興味をもったいろいろな状況をおぼえておくことによったが、それを思い出し、それをいろいろ変え、結びつけ、自分が空想した人物の一人になれるように、それを自分にあてはめた。そして、自分の趣味にしたがってもっとも趣味にあう立場にいつも自分をおいた。こうした小説的な空想が、かれの現実の不満を忘れさせたのであった。しかし、こうしたことはルソーを孤独な性格にした。

自由への出発

一七二八年三月十四日、日曜日、ルソーは二人の仲間と町の外に散歩にでかけた。夕方かれらは戻《もど》って来る途上、あと町まで二キロのところで閉門の知らせのラッパが鳴るのを聞いた。かれらは走ったが間に合わず、かれらを町の外においたまま門は閉《し》められていた。こういうことは以前に二度ほどあった。そして、翌日帰ると親方からひどい罰を受けたから、ルソーは三度そんな失敗は繰り返すまいと思っていた。しかし、それが現実に起こってしまったのだ。そこでかれは親方のもとへもう帰るまいと決心した。

翌朝、仲間たちは親方のもとへ帰っていったが、かれは、従兄のベルナールに自らの決心と会う場所を伝えてもらうように仲間に頼んだ。ベルナールは別れに際して、わずかばかりの金と剣を一本かれに与えた。それがかれの放浪の門出に所有していた財産のすべてであった。はじめかれはトリノまでいったが、そこでは、はやくもベルナールにもらった剣を手ばなさねばならなかった。ルソーは、当時の心境を次のようにいっている。

「恐怖がわたくしに逃亡の計画をさせた瞬間が悲しかっただけに、それを実行した瞬間はわたくしには魅力的であった。……わたくしは自由であり、また、自分が自らの主人であった。だからわたくしはなんでもできると信じていた。また、なんでも達成できると信じていた。……わたくしは世界の広い空間の中に安心してはいった。わたくしの才能がそれを満たし、一歩ごとに饗宴《きょうえん》・宝物・冒険があり、また、いつでもわたくしを助けてくれる愛人がいるようであった。……」

こうしてルソーは放浪の旅に出て、自由の中に足を踏み入れたのであるが、かれは数日間町のまわりをさまよった後に、サヴォワ領のコンフィニョンに到着した。ここではかれは、司祭のポンヴェールを訪ね、食事の接待を受けた。司祭はきわめて親切な人で、ルソーのことをいろいろ心配してくれた。そして、

「アヌシイにゆきなさい。たいへん慈悲深い親切な婦人がおります。そして、その婦人は王様の恵みによって、彼女自身それからぬけでた誤りから、他の人の魂を救うようにしております。」

といって、ヴァラン夫人あての手紙を書いてくれた。しかし、ルソーは、はじめはあまり気乗りがしなかった。というのも、そのような婦人の助けを必要とすることが恥ずかしかったし、人から恵んでもらうことが好きではなかったからであった。その上、信心家ぶるような女性はかれの気をひくものではなかった。このヴァラン夫人はルソーに大きな影響を与えた人であるが、気がすすまぬままに、一日でゆけるところを、あちこち道草をくいながら三日もかかってようやく夫人を訪ねたのであった。ルソーは、その夫人とのはじめての出会いのようすを次のように書いている。

「わたくしはとうとう着いた。わたくしはヴァラン夫人に会った。……それはヴァラン夫人の家の後ろのフランシスコ派の教会の隠し戸に通じている小路であった。この戸にはいろうとしていた夫人は、わたくしの声でふりむいた。この一瞥《べつ》の瞬間のわたくしの驚きはいかばかりだったであろう。わたくしは、渋面をした年老いた信者を心に描いていたのだった。ポンヴェール司祭のいう親切な婦人というのは、わたくしの考えでは、それ以外ではありえなかった。しかし、わたくしは、優美さに満ちた顔、やさしい青い美し

い目、まばゆいばかりの顔色、そしてまた、うっとりとさせるほどの胸の輪郭をみたのだ。若い改宗者は、すばやい一瞥で何もみのがさなかった。若い改宗者といったのは、その瞬間わたくしは彼女のものになってしまっていたし、また、このような伝導師によって伝えられた宗教は、きっと天国に導いてくれると確信するようになったからである。ふるえる手でわたくしが差し出した手紙を彼女はとって開き、まずボンヴェール司祭の手紙をちらりとみてから、わたくしの手紙をとってそれを全部読んだ。彼女は、従僕が彼女にはいる時間ですよと警告しなかったら、もう一度読んだであろう。彼女は、わたくしをどきっとさせた調子で〈坊や、こんなに若いのに放浪しているの。本当にお気の毒です。〉といい、さらに、〈わたくしの家にいってわたくしをお待ちなさい。そして、食事をいいつけなさい。ミサが済みましたら、お話をしにゆきます。〉といった。」

これは、一七二八年三月二十一日のことであった。

ヴァラン夫人

ヴァラン夫人（ルイズ＝エレオノール＝ド＝ヴァラン　一六九九―一七六二）は、十五歳で貴族であったセバスチヤン＝イザック＝ド＝ロワリリド＝ヴァランと一七一三年に結婚したが、結婚生活の不幸からエヴィアンに湖を渡ってゆき、ちょうど、そこに来合わせていた、サルデーニュの王様のヴィクトール＝アメデに保護を求めた。王はピエモンの一、五〇〇リーブルの年金を与えて彼女を保護した。その金額は倹約家の王にしては多額であったので、そのようなあつかいについては、それは王が夫人を愛しているからだという評判がたった。そこで王は夫人をアヌシーに送った。そして、彼女はジュヌーヴの名義司祭であったミッシェル＝ガブリエル＝ド＝ベルネックスの指導を受けて、ヴィジタションの修道院で改宗の宣誓をした。

ルソーが夫人のもとに送られたとき夫人は二十九歳であった。ルソーによれば、それ以上美しい顔、美しい胸、美しい腕、美しい手を見ることができないほど夫人は美しかった。少なくとも当時十六歳のかれにはそのように見えたのであろう。夫人は、そのようすにおいても、まなざしにおいてもやさしく、天使のような微笑をたたえ、口はといえば、かれのと同じくらい小さかった。また、稀《まれ》にしかみられない灰色の美しい髪を無造作にたばねていた。

このような夫人とのはじめての出会いにおいて、ルソーが感じたものは一種の恋であった。それはかれの一生に決定的な影響を与えた。五十年後、このことについてかれは「孤独な散歩者の夢想」の中で、次のようにいっている。

「彼女が一人の若い元気がよいが、柔和で、ひかえめで、また、かなりよい顔だちをしている男に好意を抱いたということが不思議でないなら、まして魅力あり、才気と優美さとをもった夫人が、感謝の念とともに、わたくしがそれと区別しなかった、よりやさしい感情を、わたくしにもたせたということは不思議ではないであろう。しかし、普通ではないことは、その最初の瞬間がわたくしの一生涯を決めたということであり、また、避けることのできないつながりによって、それ以後の運命を生んだということである。」

彼女は、ルソーの身の上をいろいろ聞きながら、かれの身の振り方をいっしょになって考えてくれた。しかし、ヴァラン夫人はルソーをその手もとに、あえてとどめようとはしなかった。ルソーはヴァラン夫人ぐらいの女性が、そのそばに引きとめたいと欲することのできない年齢に近づいていた。こうして、かれはトリノへやられることになった。そこにはカトリックへの改宗者を教育するために建てられた救護院があった。

トリノにて

トリノへの旅はヴァガボンドのルソーには思ったより楽しかった。かれは一組の夫婦と長い散歩のような二十日間の旅をともにした。しかし、かれがトリノに着いたとき、かれは無一文になっていた。

かれは持参の手紙を出して救護院にはいった。それは一七二八年四月十二日のことであった。

「はいりながら、わたくしは鉄格子のある大きな扉を見た。それはわたくしがはいるとすぐに厳重に閉められた。このような、事の始まりはわたくしには、楽しいよりも威圧的であるように思えた。」

とかれはいっている。こうして、かれは十字架のある木の祭壇と木製の四、五脚の椅子《いす》がそのまわりにある大きな部屋につれていかれた。そこで、かれは四、五人の極悪非道な無頼漢といっしょに教育を受けることになった。かれは最初カトリックへの改宗には熱心ではなかった。その時期はずっと先のことと考えていた。だから、できるだけ抵抗して時をかせごうとした。しかし、八月二十一日には、かれはプロテスタントを放棄し、二十三日には洗礼を受けている。こうして、ルソーは、カトリックに改宗したが、「孤独な散歩者の夢想」の中で、かれは次のようにいっている。

「まだ子どもであったとき、自分ですべてをしなければならなくなり、恩恵にさそわれ、虚栄に導かれ、希望に裏切られ、そして必要にしいられて、わたくしはカトリックになった。」

さて、改宗の宣誓が終わってから、ルソーに与えられたものは、かれが期待していたような地位でなく、二十フランばかりの金でしかなかった。ルソーの大きな希望は一ぺんに消えうせてしまった。しかし、かれはけっして絶望しなかった。なぜならば、救護院での二ヵ月以上にわたる監禁生活からの解放の喜びが大きかったからである。むしろかれは自由を感じて幸福であった。かれはこのときの気持ちを次のようにいっている。

「ながい奴隷のような状態の後に、わたくし自身とわたくしの行為の主人にふたたびなって、わたくしはいろいろなものに富んでいる大きな都会のまん中にいる。そこには身分の高い人々がたくさんいる。そして、わたくしの才能や価値が、それらの人々によって知られれば、すぐにわたくしを歓迎してくれることは必至である。わたくしにはその上それを待つ時間があるし、また、使いきれない宝とわたくしに思えた二十フランがわたくしのポケットの中にあった。わたくしはだれにも報告することなしに、それをわたくしの意向で自由に使用することができた。わたくしがこんなに金持ちになったのは、はじめてであった。失望にも涙にも身をゆだねるどころか、わたくしはただ希望を変更しただけであった。」

恐ろしい嘘《うそ》

こうして自由の身になったルソーは、とある安宿を本拠にして、しばらく食器類に氏名の組み合わせ文字を彫る仕事をしてまわったが、やがて、ヴェルセリス伯爵夫人の従僕となった。彼女は未亡人で、子どももなかった。すぐれた才気があり、フランス文学を愛好し、また、たくさん手紙を出す人であった。しかし、彼女は乳癌《がん》に苦しめられ、自分では手紙を書くことはできなかった。ルソーの役目は夫人が口述するのを書くことであった。

しかし、三ヵ月後に夫人は他界した。この不幸のどさくさにルソーは大きな罪を犯した。それは盗みであり、さらには嘘であった。そして、嘘のほうがずっと大きな罪であった。その回想は、ルソーの心を一生苦しめ、年老いてからも、すでに他の多くのことでひどく胸を痛めているルソーの心をいつになっても苦しめにやってくるほどのものであった。——それは次のような事件であった。

ヴェルセリス夫人が亡くなり、遺産の整理が行なわれたが、それには、長年夫人に仕えたロレンチニ夫妻がよく目を見張っていたので、財産目録にあわせてみても何一つ欠けていなかった。ただ、ロレンチニ氏の姪《めい》のホンタル嬢が、もう古くなったローズと銀色のリボンをなくした。それは、ルソーがどうしても欲しくて盗んだものであった。しかし、すぐにそれがみつかり追及された。そのときルソーは「それはマリオンにもらった」と嘘をついた。マリオンはそこの料理女であった。彼女は、若く、きれいだっただけでなく、顔の色艶《いろつや》は生き生きとしており、とくにしとやかでやさしい物腰はだれもが好きになるものであった。しかも、正直で、つつましく、忠実であった。事実、ルソーも彼女は好きであった。だから、リボンを彼女にやりたかった。それが盗みの動機であった。しかし、それが発覚したとき、このようなまったく無実の娘にその罪をきせようとした。それは、かれが恥を恐れたという利己的なものからであった。かれは死よりも、また懲罰よりも、恥を恐れたのであった。彼女は、ルソーが嘘の陳述をしたとき、すごいまなざしでルソーをにらんだ。そして、確信をもって、しかも、少しも激怒することなしにそれを否定し、ルソーに自省するようにといい、また、悪いことをしたことのない無垢《むく》の娘の名誉を傷つけないようにといった。しかし、ルソーはかれの言明を固執した。マリオンは泣きだし、やっと、

「ああ、ルソーさん、わたくしはあなたがよい方だと信じていました。あなたはわたくしを不幸におとしいれました。ですけど、わたくしはあなたのような立場にはなりたくありません。」

とだけいった。二人は相続人のラ＝ロック伯によって解雇された。ルソーはこの事件について次のようにいっている。

「わたくしは、わたくしの中傷の犠牲になった人がどうなったかを知らない。しかし、彼女がその後たやすく、うまく職にありつけたようすはない。彼女はあらゆる方法で、その名誉を残酷に攻撃されただろう。……あの年齢で、無実によって人格を傷つけられて、失望させられたことが、彼女をどこに導いたかをだれが知ろう。……この苦い思い出が時々わたくしをなやます。そして、眠れないとき、このかわいそうな娘があたかも昨日《きのう》だったかのように、わたくしの罪をせめにやってきて、わたくしの心を混乱させる。」

以後、この思い出がルソーの罪を犯しそうな傾向からかれを守ったのである。

サヴォワの助任司祭

ルソーは、ふたたび失業の身になって宿に戻った。かれは十七歳であった。生きるためには職を捜さねばならなかった。ルソーは、このようなとき何か役だつこともあろうと思って、ヴェルセリス夫人の従僕であったとき知った何人かの人を訪ねていった。その中には、サヴォワのお坊さんであったゲーム氏がいた。ゲーム氏は、まだ若く、無名で、ルソーに職を捜してくれるほど世間的な力のある人ではなかったが、ルソーはその全生涯にわたって、かれに利益をもたらしたものを、すなわち、健全な道徳の教訓、正しい理性の準則をこのゲーム氏のそばで発見した。ルソーは、「エミール」の第四巻でサヴォワの助任司祭の口を借りて、哲学や宗教を語っているが、そのモデルの一人となっているのがこのゲーム氏である。ルソーはゲーム氏について次のように語っている。

「ゲーム氏はわたくしが自分に立ち返り、自省することを心配してくれた。そして、それには容赦もなかったが、また、落胆もさせなかった。かれは、わたくしに、わたくしがあやまった観念しかもっていなかった人生の真の像を描いてくれた。また、かれは、逆境にあっても思慮ある人は常にいかにして幸福に赴《おもむ》くことができるかを、また、幸福に達するために、いかにして順風にのって進むことができるかを示してくれた。すなわち、いかに英知なしには真の幸福がないかを、また、いかに、この英知というものは、すべての身分にもあるかを教えてくれた。かれがいったことで、わたくしの記憶にしばしばよみがえることは、もし、各自が他のすべての人の心を読むことができれば、上にのぼろうと欲する人よりも、下にさがろうと欲する人のほうが多いであろうということである。この反省は、わたくしの人生行路において、わたくしをわたくしの地位に平穏にいさせるのにたい変役だった。かれは、わたくしに正直ということの正しい観念をはじめて与えてくれた。またかれは、崇高《すうこう》な徳にただ感激するだけでは、社会においては、ほとんど役にたたないことを感得させてくれた。すなわち、あまり高く飛び上がっては、ひとはおちやすいということを、また、小さな義務をいつも果たし続けてゆくことは、英雄的な行為と同様な力が必要とされるということを感得させてくれた。……そして、ときどき人から賞賛されるよりも、常に人から尊敬されているほうが限りなくよいことも感得させてくれた。」

ゲーム氏の思慮ある戒めは、ルソーの心の中でけっして息絶えることのない徳と信仰の芽となったのである。

サヴォワの助任司祭の信仰告白

脱出

ルソーはラ＝ロック伯の世話で、それからしばらく、その一生のうちでもっとももっともらしく将来の期待に身をまかせることのできた時代を過ごす。ルソーは有名なソロラ家の本家であるグーヴォン伯の従僕の地位を得たのであった。グーヴォン伯は感じのよい老人であった。かれはその息子のグーヴォン師と住んでいた。グーヴォン師はルソーに好意をもってくれ、ラテン語を教えてくれたりした。ルソーは従僕の身分でありながら、王子の家庭教師しかしない生まれのよい家庭教師をもったのであった。というのも、ソロラ家の人たちは大使の職に従事したいと思っており、また、おそらくは、ずっと前から大臣の地位への道をきりひらきたいと思っていたので、それにふさわしい才のある、りっぱな専属の人を養成しておきたいと思っていたからであった。ルソーはそれにこたえることができる人物と期待されたのであった。そして、いずれ、それにふさわしい地位が与えられるはずであった。しかし、ルソーは、自らそれとは異なった道を歩むことになった。それはルソーの持ちまえの放浪癖《へき》からであった。

そのころ、ルソーの親戚でミニチュア画家のミュサールが徒弟奉公時代の仲間であったバークルを連れてグーヴォンの屋敷にやってきた。バークルは、ジュネーヴに帰ろうとしていた。かれはおもしろく、快活な少年であった。ルソーはバークルにすっかり夢中になってしまい、かれといっしょに旅にでたくてたまらなくなった。そこで、かれはわざと解雇されるようなことをした。かれはグーヴォン師に挨拶もしないでバークルと二人で出発した。

しかし、ルソーをして本当に旅だたせたものはヴァラン夫人の面影であったろう。二人の旅は楽しかったが、アヌシーに着くとバークルは、「さようなら」といってあっさり去っていってしまった。

再会

ルソーがヴァラン夫人のもとに戻ったのは、一七二九年の春のころと考えられる。ルソーは夫人との再会の模様を次のように書いている。

「ヴァラン夫人の家に近づくと、わたくしの心臓はどんなに動悸《どうき》したことか。わたくしの足はふるえ、わたくしの目はヴェールでおおわれ何も見えず、また、何も聞こえず、わたくしは何回も息をつき、意識をとりもどすために立ち止まらねばならなかった。これほどまで心が動揺したのは、必要とした援助を得ることができないという不安からであったろうか。……ヴァラン夫人を見るやいなやその様子がわたくしを安心させた。彼女の声の最初の調子でわたくしは身をふるわせた。わたくしは、彼女の足もとに身を投げかけ、非常なうれしさのあまり有頂天になって、その手に口をぴったりとつけた。彼女はといえば、果してわたくしのことを知っていたかどうか知らないが、顔色にはおどろきの色一つなく、また、心配の色もなかった。彼女はやさしい調子でいった。〈かわいそうに、帰ってきたのね。あんな旅をさせるには、あまりにも若すぎることはわかっていました。わたくしのおそれたことが悪い結果にならなかったことがせめてもの幸いです。〉」

こうして夫人はルソーを彼女の家におくことに決心した。夫人は、

「他人はいいたいことをいうでしょう。しかし、神の摂理があの子を送り返したのですから、わたくしはあの子を見捨てないことにしました。」

といっている。

このときルソーは十七歳であり、ヴァラン夫人は三十歳であった。夫人はルソーのことを「プチ」（坊や）と呼び、かれは夫人を「ママン」と呼んだ。それは二人の心の関係を如実《にょじつ》に示していた。二人の間には、最初の出会いの日以来、本当にやさしい親密さが生じていた。ルソーは母の愛を知らなかったし、また、夫人には子どもがなかった。だから、お互いにそう呼び合うのはごく自然であった。夫人はルソーにとってはやさしい母であった。母のように接吻をし、愛撫をした。そのような愛について、ルソーは、

「なぜか知らないが、喜びにうっとりするような静かな愛の中にいた。そのような中では一瞬といえども退屈しないで一生を、いや永遠でさえあっても過ごせたであろう。」

といっている。それはまた、強い愛情であった。ルソーはそれを夫人を見ていないときに感じた。夫人を見ているときは満足しか感じなかった。しかし彼女が家にいないときは、かれの不安はほとんど苦痛にまでなるのであった。

ルソーは夫人に対して性的な欲望を感じようとせず、少なくともそれを外にあらわそうとはしなかった。しかし、その内には、うごめくものがあったことは否定できない。ルソーは夫人の中に、やさしい、かわいい妹、楽しい女友だちをも感じたのである。少なくとも、ルソーにとっては、夫人はあまりにも美しく、あまりにもやさしかったのであろう。それに、ルソーは非常にはにかみ屋でもあり、無垢《むく》でもあった。それがかれの欲望を押えさせていたのであった。

ヴァラン夫人は、戻ってきたルソーを神学校に入れて将来司祭にしようと考えた。ルソーは、こうしてラ

ザリスト神学校に入れられた。しかし、ルソーは、そこにはほんの数ヵ月とどまっただけであった。聖職はかれにはまったく適していないとしてかれは戻されたからである。そのころルソーは音楽にしか興味をもっていなかった。そこで夫人はかれを音楽家にしようとした。その年の九月には、かれは聖歌隊養成所に寄宿生としてはいっている。それは、当時夫人のところに出入りしていた大聖堂の音楽長であり、作曲家のル＝メートル師の世話によるものであった。そこでの六ヵ月の生活は、音楽隊の合唱隊の子どもたちと歌をうう毎日であり、陽気なものであった。それに、そこは、夫人の家から二十歩たらずの近さにあり、いっしょに夕食をすることもできた。この六ヵ月はかれの生涯でもっとも穏やかな期間の一つであった。

しかし、翌年の四月の初めル＝メートルが教会側の扱いを不服として突然去ることになった。夫人は、ルソーにル＝メートルをリヨンまで送らせるように心をくばった。それは、当時、かれが心酔していた音楽家のヴァンチュールから引き離したいという夫人の考えからでもあった。その心酔ぶりは、バークルに夢中になったときより以上の激しいものであった。

ル＝メートルは癲癇《てんかん》の発作《ほっさ》をよく起こした。それがリヨンに着くと起こった。すっかり驚いたルソーは、かれを助けるどころか、置き去りにして、あわててアヌシーに帰った。ママンに会いたい一心であった。ルソーは、

「わたくしの彼女に対する愛着のやさしさと真実さとは、わたくしの心からいっさいの空想的な計画や、気違いじみた野心を根絶させた。わたくしは彼女のそばで生活する幸福以外は何もみなかった。」

といっている。しかし、かれがアヌシーに戻ったとき、ヴァラン夫人はパリに向けて出発していた。

フリブールへ

その理由はよくわからなかった。いずれにしても、ルソーの落胆ぶりにははかりしれないものがあった。夫人の小間使いのメルスレは残っていた。夫人からは消息がなく、メルスレはその郷里のフリブールに帰ることになった。彼女を親もとまで送りとどける役がルソーにまわってきた。彼女はルソーより五歳年上であった。美人ではないがかなり好ましい感じのする娘であった。旅費はメルスレがもって徒歩でゆくことにした。途中、二人はジュネーヴを通った。それはそこをかれが去ってからはじめてであった。しかし、かれはだれにも会わずに通りすぎた。フリブールへゆくには、また、ニヨンを通らねばならなかった。そこにはかれの父がいた。かれは父をおそれていた。しかし、どうしても父だけには会いたかった。もし、会わずにしまったら後悔の念で死んでしまうほどの気持ちであった。だから、かれは、あらゆる危険をおかして会いにいった。二人は涙を流して抱き合って喜んだ。かれは父に、それまでのことを話し、また、父のもとにとどまる気持ちのないことを告げた。しかし、かれはあまり賛成でなく、「一番よいことは、ばかげたことを早くやめることだ。」といった。それは、おそらく若い娘と二人で旅行していることの誤解からであった。多分、二十歳の男と二十五歳の娘とが同じ部屋に泊まりながら旅行するとき、それだけではすまないであろう。しかし、二人は、アヌシーをたったときとまったく同じ状態でフリブールに到着した。旅の途中、親切に世話をしてくれたメルスレは、親もとに着くとすっかり冷たくなっていた。彼女はかれが好きであり、かれもまんざらではなかったのに、二人は涙も流すことなしにあっさりと別れた。かれにはどこへいったらよいか当てがなかった。翌日、かれはローザンヌに向かった。そのときの心境を、かれは次のように書いている。

「わたくしは、そこでもっとも広く見渡せる美しい湖の眺《なが》めを堪能《たんのう》したいと思った。わたくしの行為を決めるかくれた動機の大部分は、それ以上に確固たるものではなかった。遠い目的はわたくしを行為させるにはほとんど大した力にはならなかった。未来の不確実さを思うと、いつも、ながい実行をともなう計画は、だまされやすい人をだますおとりのようである。……わたくしの手にとどくところにある小さな快楽のほうが、天国の喜びよりもわたくしを誘惑する。」

偽《にせ》音楽教師

かれは、その夜はムードンに泊まり、翌日は、ローザンヌに近い村に到着した。ポケットには一スーも残っていなかった。かれは、ここで一つの冒険を試みた。かれは、まだいったことのないパリからきた音楽家と偽《いつわ》り、この地で音楽を教えることを思いついた。おひとよしのペテロという人の家に下宿した。かれは、わざわざ弟子《でし》をとってくれ、しかも、下宿代は収入が得られてからでよいといってくれるほど親切であった。ルソーは後になって親切な人に出会わなくなったことを嘆いて、次のようにいっている。

「なぜ、わたくしは、青年時代に多くの親切な人に出会ったのに、年をとってからというものは、ほとんどそういう人に出会わないのであろうか。そういう人種は絶えてしまったのだろうか。いや今日、わたくしが親切な人を捜す必要がある階級は、もはや、あのころ親切な人を見いだした階級とは同じではない。一般民衆の中では、偉大な感情はときどきしか語らないが、自然の感情はそれよりしばしば聞かれるものである。高い階級においては、その自然の感情はまったく押えつけられており、感情のマスクのもとで語るのは利害あるいは虚栄だけで、それ以外にはけっして何もないのである。」

当時、ルソーは、まだ楽譜を見て歌をすぐにはうたえなかった。しかし、それにもかかわらず、音楽の先生をしようというわけである。以前に、ル＝メートルに六ヵ月ほど教わっただけというのが、かれの音楽上の知識のすべてといってよかった。しかも、作曲までできるというふれこみである。かれは、ここでトレトラソという音楽好きな法学の教授に紹介され、その自宅での演奏会のために一曲作曲した。それは聴衆の聞くに耐えない、めちゃくちゃなものであった。翌日、ルソーを訪ねてきたシンホニストの一人に、かれはいっさいを打ち明け、涙を流して泣いた。

それにもかかわらず、かれには二、三人の弟子があり、それで数週間は生活することができた。しかし、そこで食いつめると、かれはヌーシャテルにいった。そこではその冬を過ごしたが、ローザンヌよりも弟子が多くとれ、ペテロの借金を返すことができるほどにもなった。こうして、かれは、「教えることは学ぶことである」という格言どおりに、教えながら知らず知らずのうちに、音楽を学んでいった。

放浪の旅

一七三一年の四月初旬のこと、ルソーはブードリにゆき、そこの宿屋でギリシア人の司教でエルサレムの僧院長であるという人と識《し》り合いになった。その人は、聖墓地の復興のために、義捐《えん》金を集めてヨーロッパをまわっているといった。かれは、ルソーに秘書兼通訳として同行を求めた。ルソーは、そこでフリブール・ベルンを経てソルールにいった。それは四月二十七日のことであった。そこでは、まずフランス大使のボナック氏のところに挨拶にいったが、かれはかつてトルコ大使をしたことがあり、聖墓地のことはよく知っている人であった。おそらくそのギリシアの坊さんは詐欺師であったのだろう。それとはなんら関係のないルソーは大使館にひきとめられ、そこの書記官であるラ＝マルチニエール氏に保護されることになる。しかし、そこでは将来の見とおしは明るくなかった。ルソーはパリに出たかった。

やがて、その願いがかなえられ、かれはパリにゆくことになる。そこでは、ゴダールというスイスの大佐の甥《おい》の付添人になる予定であった。かれは旅費一〇〇フランと何通かの紹介状をもって出発した。この旅行は十五日間のものであったが、かれによれば、それは一生のうちでもっとも幸福なものの中に数えることのできるものであった。しかし、パリに着いてなんとかれはがっかりしたことか。かれはフォーブール－サン－マルソーからパリの市中にはいったのであるが、かれが見たものは、よごれ、そして、悪臭のする通りであり、黒くて、きたない家であり、また、乞食や古着などをつくろっている女などであった。

ルソーにとってパリはまったく期待はずれであった。その上、ゴダール大佐は、ルソーを無報酬の下僕にしようとした。かれは、それを断わったが金もなくなり、せっぱつまってきた。そんなときかれの脳裏をしきりにかすめるのは、あのなつかしいヴァラン夫人の姿であった。聞くところによれば、夫人は二ヵ月以上も前にパリをたったということであった。とにかく、ママンに会いたいという気持ちで、かれはいてもたってもいられなくなった。しかし、夫人はどこにいったのかまったくわからなかった。とりあえず、かれは歩いてリヨンに出発した。

しいたげられた百姓

この旅行中、とくにルソーの記憶に残ったことは、美しい風景の中の、悪政によってしいたげられていた百姓の姿である。

ある日、かれは飢えとかわきでへとへとになって一軒の農家にたどりついた。そして、金を払うから食事をさせてくれるようにと頼んだ。そこの百姓はクリームをとったあとのミルクと大麦のパンをだしてくれた。ルソーはそれをたちまち平らげてしまった。そのすさまじい食欲を見た百姓はいった。

「お前さんは、見たところ正直そうな若者だ。わしを裏切りにやって来たのではなさそうだ。」

百姓はそういうと、今度は隠してあったまじりけのない小麦の黒パン、手がつけられてあったがハム一本とぶどう酒をもってきてくれた。しかも、かなり厚いオムレツもだされた。

はじめ、ルソーは「税の取立人」もしくは「酒倉のねずみ」と思われていたのであった。そうでないとわかると、百姓は安心して御馳走《ごちそう》をだしてくれたのである。それというのも、当時の百姓は、国王から課せられる補助税や人頭税をおそれて、餓死寸前の状態で生活しているようにみせなければならなかったからである。もし、生活が豊かであるとみられれば容赦なく税をとられたのである。ここでも、百姓と油はしぼれるだけしぼられたのであった。こうした百姓の姿は、ルソーに消えうせることのない深い印象を与えた。ルソーは、

「不幸な人々がこうむるあの苛酷《かこく》と圧制者に対して、わたくしの心の中にそれ以来生じた、あの消しがたい憎しみの芽はここにあった。」

といっている。自然が美しい豊かな恵みを人々に与えているのに、それを重税が破壊してしまうことに、ルソーは激しいいきどおりを感じたのであった。

ママンのもとへ

リヨンには、かれは四週間滞在した。そこにはヴァラン夫人の友人で、かつてルソーも紹介されたことのあるシャトレー嬢がいた。かの女は親切にもヴァラン夫人の消息が得られるようにしてくれた。この滞在中、かれはリヨンをヨーロッパでもっとも恐ろしい退廃の町と感じたほど、同性愛などの不道徳の犠牲の危険にさらされた。しかし、かれは悪い人間だけに遭遇したのではなかった。金がなく、借金よりは多少の苦痛をしのぶほうがよいと考え、また、飢えよりは寝不足のほうが死の危険がないと考えたルソーは道の上で寝た。

ある朝目が覚めると、あたりには水と緑と美しい景色があった。それに気をよくして歌を陽気にうたいな

がら朝食にのこのこ歩きだすと、一人の修道士がそれをききながら後ろからついてきていった。「君は音楽ができるのか。」少しできるというと、さらに「楽譜をコピーしたことがあるか。」ときくのであった。ルソーは「たびたび」と答えた。すると、修道士は、「さあ、わたしといっしょにきなさい。数日間、コピーの仕事をあげよう。その間、部屋から出ないことに同意すれば、何も不自由しないようにしよう。」といった。

ルソーの仕事は誤りだらけだったのに、御馳走にありつけ、その上、その仕事にしては、大金の報酬までもらった。かれは、こうして危機をのり越えることができた。幸いなことには、そのときヴァラン夫人から手紙と旅費がとどいた。夫人はシャンベリーにいた。ルソーは夢中になって、夫人のところに向け出発した。かれがシャンベリーに着いたのは一七三一年の九月ごろであったろう。ヴァラン夫人はかれのために土地測量の書記の職を与えてくれた。こうして、かれはジュネーヴをでてからはじめて自分で食べてゆけるようになったのである。

自我形成の時代

ルソーがシャンベリーに着いてから、パリに向けて出発する九年ないし十年間が、かれの生涯の一時期をなしている。この間には、語るべきほどの事件は起こらなかった。この時期には、むしろ単純でおだやかな生活が続いたが、かれにとっては、落ち着きのない放浪のために固定しなかったかれの性格を固めるのには、きわめて意義があったたいせつな時期である。

音楽の勉強

かれはまず、この間測量技師がする地図の線図によって、デッサンの趣味をもつようになった。かれは絵の具を買ったりして花などをかき始めたが、かれにはその才能はなかった。しかし、このころふたたびかれを惹《ひ》きつけたのは音楽であった。音楽の勉強は、ルソーにとっては非常に楽しいものであった。それはヴァラン夫人と共通のものであり、彼女といっしょにすることのできるものであったからである。二人はそれに熱中し、そのために、夫人がつくる薬をこがすことも何度かあった。しかし、それにもかかわらず、かれの進歩はおそかった。音楽は、かれがそのために生まれてきたといったほどのものであり、また、かれはそれを子どものころからずっと愛し続けてきたものであったのに、いつになっても楽譜を見てすぐにうたえるようにはなれなかった。

音楽の勉強は、この間もっとも熱心に続けられていた。かれは、ラモーの「和声《わせい》論」を病気で外に出られなくなった一ヵ月の間に、むさぼり読んだ。また、ベルニエのカンタータのいくつかをすっかり暗誦したりした。こうしてルソーの音楽熱はますますつのってゆき、ついには、ヴァラン夫人の家で毎月一度小さいながらコンサートを開くようになった。ルソーは、こうなると昼も夜もコンサートのことで夢中になり、それで頭はいっぱいになった。したがって、せっかくの書記の仕事もかれはやめてしまった。かれがその職にあったのは八ヵ月であった。かれは職を退くと今度は音楽の教師になった。そして、その若さと美貌で、かれはちやほやされながら盛装したかわいい多くのお嬢さんたちを教えたのである。この時期は、かれによれば「わたくしの好みにしか耳をかさないのに、わたくしの期待が裏切られなかった唯一《ゆいいつ》の」時期であった。

誘惑

ルソーのちやほやされ方にはただならぬものがあった。たとえば、ラール夫人の場合がそれである。その娘のラール嬢は、ギリシアの彫刻のモデルのような美人であったが、その美の中には生命も魂もなかった。その無感覚さといい、冷ややかさといい、また、無関心さといい、すべて信じられないほどのものであった。ラール夫人は、その娘に若い男の先生をつけて、できるだけ感覚をもたせようとしていた。しかし、それはさっぱり成功しなかった。こうして先生が、その娘に刺激を与えている間、他方では夫人が先生に媚態を示していた。夫人はルソーを迎え入れるとき、かならずかれの口の上に接吻をした。それだけでなく、夫人は何かにつけて細やかに気を配ってくれた。それに、ルソーは心を動かされた。そこで、かれはそのことをヴァラン夫人に正直に報告した。

夫人は、ラール夫人の態度にただならぬものを感じた。そして、ヴァラン夫人は、自らが手がけてきたルソーの、女性についての教育は自らがなすのがよいと考え、しかも、ルソーがおちいりやすい誘惑からは自ら守ってやらねばならないと考えた。こうして、夫人はルソーを自ら男にしようと考えたのであった。そして、ついに夫人は、その旨をルソーに告げた。それには八日間の猶予が与えられていた。その間、ルソーは、むしろ嫌悪《けんお》と恐れを感じていた。ルソーにとって、ヴァラン夫人は、姉以上のものであり、母以上のものであり、友人以上のものであり、また、恋人以上のものであった。そして、その傍《そば》にいることなしには、幸福になれないとかれは信じていた。その人が他の女性を所有したいというルソーの欲望をとり除いてくれようとしているのだった。だから、ルソーにとっては、その日のくることはきわめて苦痛であった。しかし、恐れていた日がついにやってきた。その日のことをルソーは次のように書いている。

「わたくしは、はじめて女性の腕に抱かれた。熱愛している女性の腕の中に抱かれていたのだ。わたくしは幸福であったろうか。そうではなかった。……わたくしは、あたかも近親相姦《そうかん》を犯したような気持ちであった。」

ヴァラン夫人

レーシャルメットの生活

そのころ、ヴァラン夫人の家計は傾いていた。お恵みの年金はそれほど多くはなかったのに、夫人の人の良さを利用して金を無心する人々が多かったからである。ルソーは乱費《らんぴ》をなんとかして押えようとした。しかし、その努力は全くむだであった。そのときルソーの脳裏にひらめいたことは、好きな音楽で身を立てようということであった。そのためには作曲法をよい先生について学ぶ必要があった。

一七三四年六月、ルソーはブランシャール師に作曲を学びにブザンソンにいった。師は喜んで迎えてくれたが、ちょっとしたことから税関で衣類などのいっさいの荷物を没収され、そこにとどまることはできなくなり、ふたたび夫人のところに帰っていった。夫人は、あたかもかれが宝物でも持ち帰ったかのようにかれを迎え入れた。ルソーは夫人だけに愛着し、その運命のままにまかせ、そして将来のことは、もう心配しないことにした。しかし、夫人の家計は苦しくなる一方であった。そのために、かれは夫人にむだな出費をしないようにと何度も意見をした。だが、それは無益であった。その苦しさから心をまぎらすためにルソーはよく小旅行をし、それによってりっぱな知人をつくったりしていた。また、家にあっては、夫人が薬をつくるのを手伝ったりもした。こうした生活が二、三年続いた。

一七三七年六月のこと、かれはシャンベリーで感応インクをつくろうとして失敗し、もう少しで命をおとすところであった。六週間以上も目が見えなかった。このころすでに、かれは体《からだ》をこわしていた。動悸《どうき》がし、吐血し、熱が続いた。それをなおすために田舎に転地することになった。二人はレーシャルメットに格好な家を捜した。そこは人里から何十キロも離れていると思われるほど寂しく、人けがなかった。家の前は築山《つきやま》のある庭があり、上にはぶどう畑があり、下には果樹園があり、そして、向かいあいに栗林があった。すぐ近くには泉が湧き、山をのぼると小さい牧場もあった。ここでの生活は短いものであったが、非常に幸福なものであった。

しかしながら、それによっても健康は戻らなかった。ある朝、かれの体全体は突然変動に見舞われた。動悸が激しく、また耳の中ががんがん鳴った。そのため、以後、かれの耳はかなり遠くなってしまった。そのうえ不眠が続いた。こうして、かれはもう長くは生きられないと考え、そのためには残されたわずかな生命からできるだけのものをとりだして活用しようと決心した。ルソーは、この体験を契機としてその人生において一つの新しい境地を開いている。かれは次のようにいっている。

「この偶然の出来事――それはわたくしの肉体を殺すはずであった――は、わたくしの情念しか殺さなかった。わたくしは、そのことを天に毎日感謝している。というのも、天がわたくしの魂によい結果を与えてくれたからである。わたくしは、わたくしを死んだ人間であるとみなしたとき、はじめて生き始めたとまさにいうことができる。そして、わたくしがこれから放棄しようとしているつまらないものを真につまらないものとみなすことによって、わたくしはより高尚なものに専心しようと思った。」

それは宗教のことでもあり、また、科学に信仰心を加えた本に没頭することでもあった。ルソーは、死とその後のことから魂を守るために必要な考えをヴァラン夫人の中に発見し、かれの心は落ち着き平穏であった。また、ラミ神父の「科学談話」という本も読んだ。ルソーによれば、「わたくしの生命の最後の時まで勉強することがわたくしによくみえたのか、それとも生きることの希望が残っていて、それがわたくしの心の奥底に隠れていたのか、死を待っていながらも、わたくしの研究の気持ちは、鈍くなるどころか盛んになっていくようにみえた。」のである。それは、あたかも死んでからあの世に持ってゆくものは知識しかないかのようであった。哲学を勉強し、幾何学も勉強し、さらにラテン語も勉強した。哲学では、ポール＝ロワイヤルの「論理学」、ロックの「人間悟性論」、マールブランシュ・ライプニッツ・デカルトなどの本を読んだ。これらを読むとき、かれはしばしば頭の混乱するのを感じた。そこで、かれは次のような方法を採用した。すなわち、それは、「著者の意見に、わたくしの意見も、あるいは他の著者の意見も入れず、また論争もしないで、その著者に従う。」という方法であった。これについて、ルソーは次のようにいっている。

「真であっても偽であっても、それがはっきりしたものであれば、とにかく、それをとり入れて諸観念の蓄積をすることからはじめよう。そうすれば、やがて比較したり、選んだりすることのためにそれは役だつであろう。」

失意のルソー

一七三七年の十一月十一日、ルソーはモン・ペリエに医師の診断を受けにいったが、かれが再び夫人のもとに帰ったとき、かれはかれの座が横取りされているのを知った。一人の見知らぬ青年がいた。その青年が、ルソーの留守中、夫人の家での中心となっていた。ルソーの全存在はなんと早く、また、なんとすっかりめちゃめちゃになってしまっていたことか。かれは瞬間、かれが描いてきた未来のすべての幸福が永遠に消えていくのを見たのであった。ルソーは夫人がその青年――ヴィンツェンリード――を新しい恋人にしたのを責めた。それに対して夫人は、ルソーがしばしば家をあけて怠けていたことを理由としてあげ、しかも、前と変わりなく二人は愛し合うだろうといった。しかしルソーは、夫人を新来の青年と共有しようとはしなかった。それ以来、ルソーは、夫人をその本当の子どもであるような立場からみるようになり、そして夫人の幸福を願ったのである。かれの言葉によれば、その胸の中に、不幸とともに徳が芽ばえ始めたのである。それは、学問研究が育てたものであった。しかし、それがかえって夫人のルソーに対する態度を冷たいものにした。夫人を断わったことが、無視されたと夫人をして思わせたからである。

ヴァラン夫人の愛情がすっかり冷たいものになってからは、ルソーには、同じ家の中で生活することが極度に苦痛に感じられてならなかった。かれはついに夫人の家を出ることに決心した。その計画に夫人はあっさり大賛成した。ちょうどそのころ、グルノーブルに住むデバン氏から、その友人のリヨンに住むマブリ氏の子どもの家庭教師の依頼があった。ルソーはリヨンに出発した。少しも名残り惜しくはなかった。マブリ家では二人の子どもを教えた。しかし、それはうまくゆかなかった。また、そこではぶどう酒を盗み飲みして発見され、その気まずさからもそこを去らねばならなかった。ルソーがマブリ家にいたのは約一年であった。

ルソーは、また、こうしてレーシャルメットのヴァラン夫人のもとに帰った。しかし、かつての幸福は永久に死んでしまっているのをかれは感じた。そのようなかれにとって、書斎が唯一の気晴らしとなった。かれは、書斎で、目に見えていたヴァラン夫人の破局をどうすれば避けられるかと真剣に考えた。かれは音譜の新しい表記法を思いついた。それは数字によって音階をしるすものであった。それを思いつくと、かれはもう財産ができたものと思い込んだ。そして、それによってパリで一旗揚げ、恩を受けたヴァラン夫人に報いたいという熱望から、かれはパリへ出かけたのであった。

パリの時代

パリで

一七四二年の八月にルソーはパリに着いた。かれは、ソルボンヌに近い、コルディエ街（今日のヴィトール＝クーザン街）のサン＝カンタンというホテルに投宿した。そのときかれがもっていたものは、現金十五ルイ、かれのつくったコメディの「ナルシス」、および、かれの発明による新しい音符法と数通の紹介状だけであった。その紹介状のうち、かれに役だったのは三通であった。それらは、サヴォワの貴族のダムザン――かれは、かつてのルソーの音楽の生徒のマントン嬢と結婚した――、当時、碑文アカデミーの書記であったボーズ氏、それからジェジュイットのカステル神父にあてたものであった。

この中で、ボーズ氏は、その友人で科学アカデミーの会員であるレオミュール氏にルソーを紹介してくれた。レオミュール氏は、ルソーの新しい発明をアカデミーの審査に付するよう取り計らってくれた。一七四二年八月二十二日、ルソーはかれの「新しい音符に関する試案」をアカデミーで読み上げ、審査員からいろいろ質問を受け、それに答えもした。アカデミーはその審査の報告に従って、多くの賛辞にみちた証明書をかれに与えた。しかし、その証明書からは、本当はかれの発明が新しいとも有用とも判断していないことがうかがい知れるのだった。それは後に出版されたが、かれの財布は、それによって少しも潤《うるお》されはしなかった。むしろ、音楽の個人教授のほうが、わずかに生活の役にたった。

三十歳のかれは、パリで金もなく、孤独であった。それにもかかわらず、かれは安心して生活していた。それはおそらく、かれの持ち前の性分がそうさせていたのであろう。かれはそのような緊迫した生活の中で、もはや、あまり人々を訪れなくなっていた。わずかに、マリヴォー・フォントゥネル・ディドロなどをときたま訪れただけであった。そして、ルュクサンブールの公園でウェルギリウスなどの詩集を散歩しながら暗記しようとしたり、チェス（西洋将棋）をさしにいったりして毎日を過ごしていた。このような間にもかれは音楽を忘れなかった。

このころ、ルソーをブザンヴァル夫人に近づけてくれたのはカステル神父であった。神父はルソーに次のようにいってくれた。

「音楽家も学者も、あなたにあわせてうたってくれないのですから、弦をかえて女性を訪ねてみなさい。こっちのほうがおそらくうまくゆくでしょう。ブザンヴァル夫人には、あなたのことは話してあります。そこでは娘のブロイ夫人に会えるでしょう。パリでは、女性によらないならば何もできません。女性というものは曲線であって、賢い男たちはその漸近線です。それは絶えず曲線に近づくが、けっして触れません。」

こうして、ルソーはブザンヴァル夫人を訪問し、ブロイ夫人にも会って、その同情を得た。

そのころ、ルソーはデュパン夫人にも近づいている。かの女は、当時、パリ一番の美女であり、そのまわりには、サン＝ピエール師・サリエ師・フールモン師・ベルニス・ビュフォン・ヴォルテールなどがいた。しかし、そのようなはなやかなサロンは、ルソーのような田舎者の出る幕ではなかった。かれは「新エロイーズ」の中で次のようにいっている。

「わたくしはひそかな恐怖心をもって社交界というこの広大な砂漠にはいりました。この混沌《とん》は陰気な沈黙が支配する恐ろしい孤独だけをわたくしに与えます。」

またルソーは、そのころロワイエのオペラ「恋の力」を観にゆき、自分ならそれよりよいものをつくることができると確信した。これがきっかけとなって、かれがつくりはじめたオペラが「恋のミューズたち」であった。それは、後に完成され上演されて好評を博したが、あとで述べるように、それはまた、かれの不幸の原因ともなった。

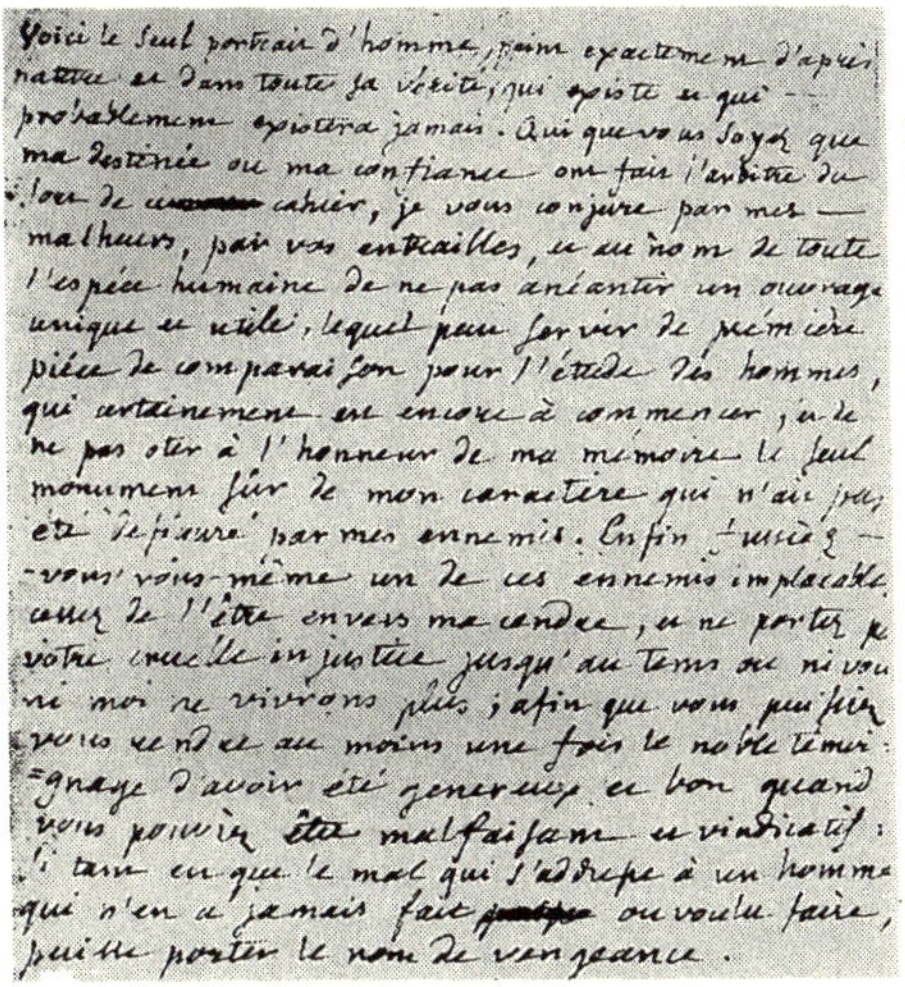
Voici le seul portrait d'homme, peint exactement d'après nature et dans toute sa vérité, qui existe et qui probablement existera jamais. Qui que vous soyez que ma destinée ou ma confiance ont fait l'arbitre du sort de ce cahier, je vous conjure par mes malheurs, par vos entrailles, et au nom de toute l'espèce humaine de ne pas anéantir un ouvrage unique et utile, lequel peut servir de première pièce de comparaison pour l'étude des hommes, qui certainement est encore à commencer, et de ne pas ôter à l'honneur de ma mémoire le seul monument sûr de mon caractère qui n'ait pas été défiguré par mes ennemis. Enfin fussiez-vous vous-même un de ces ennemis implacables, cessez de l'être envers ma cendre, et ne portez pas votre cruelle injustice jusqu'au tems où ni vous ni moi ne vivrons plus; afin que vous puissiez vous rendre au moins une fois le noble témoignage d'avoir été généreux et bon quand vous pouviez être malfaisant et vindicatif: si tant est que le mal qui s'adresse à un homme qui n'en a jamais fait ou voulu faire, puisse porter le nom de vengeance.

ヴォルテールへあてたルソーの
最初の書簡

ヴェネチアへ

一七四三年の夏、ルソーは、フランス大使モンテギュ伯爵の秘書としてヴェネチアにゆくことになった。それはブロイ夫人の推薦《せん》によるものであった。俸給は一、〇〇〇フランであった。

モンテギュ伯爵は無能で偏狭であり、また強情な人であった。仕事はいっさいルソーまかせであった。ルソーはその職務を熱心に、公正に行なった。だから、多くの人から尊敬を受けた。しかし、モンテギュ大使はルソーを正当に評価できなかった。大使のまわりにはペテン師がとりまいており、それが大使の機嫌をとるために、正直な館員を追い払ってしまうのであった。もちろん、ルソーも御多分《ごたぶん》にもれなかった。「正直な人の公明正大な目は、いつもペテン師には不安である」からであった。

ルソーが職を辞したのは、約一年後であった。ヴェネチアを出発するときには俸給も支払われなかった。かれがパリに戻ったのは翌四四年の十月のことであったが、ルソーの辞職はパリ中に知れ渡っていた。かれに同情が集まっていたが、かれの訴えにもかかわらず、俸給未払いの件は、大使の裁量にまかされることになった。ルソーはフランス人でなかったから、国家の保護を得ることができなかったのである。

かれの訴えが正当であったにもかかわらず、それがむだに終わったということが、かれの魂の中に、当時のばかげた社会制度に対する憤慨を生じさせた。それはすぐには大きくならなかったが、「社会契約論」を生む遠因になったという。かれは次のようにいっている。

「今日のばかげた社会制度のもとでは、真の公共の善と真の正義とは、いつもわたくしにはわからない表面的な秩序の犠牲なのである。そして、それは実際あらゆる秩序を破壊するものであり、しかも、それは弱い者に対する圧迫と強い者に対する公けの権威を認めることを付け加えるだけである。」

結婚でない結婚
（テレーズとの出会い）

ヴェネチアからパリにふたたび戻って、かれは他人に頼ることの不便さを感じ、それからはだれにも頼らないで、自分の才能を使って独立してゆこうと決心した。しかも、そのころかれは、それまであまりにも低くみていた自分の才能が、それほどでないとわかりはじめていた。そして、もといたサン-カンタン-ホテルに住み、そこで手をつけたままになっていた「恋のミューズたち」の作曲を始めた。ここでの生活には、ルソーの言葉によれば、「天がわたくしに、わたくしの悲惨な境遇の中で味わわせた唯一《ゆいいつ》の慰めが待っていた」のである。そして、それによってかれはその境遇に耐えることができたのであるが、それは、以後、かれの忠実な妻となった女性テレーズであった。

テレーズは当時二十三歳であった。かの女は、宿の女主人がその故郷オルレアンから連れてきて働かせていた。その父親はオルレアンの造幣局の役人、母親は商人であったが、母親は夫の失業や商売の不振からパリにでてきて、その娘テレーズが働いて一家を支えていた。そのテレーズをルソーは宿の食卓で見た。内気で素朴な、しかも気どりのない娘であった。食卓では下品な客たちがテレーズをからかっていた。それがかれにはかわいそうでならなかった。このような客たちの中にあって、かれだけがテレーズを助け、いたわることができた。こうしたルソーのテレーズへのやさしい態度は女主人の反感を買い、テレーズを乱暴に働かせる結果となったが、かえってそれが二人を近づかせた。ルソーにとっては、テレーズはヴァラン夫人のように思えた。夫人と別れてからかれはずっと孤独であり、その心はいつも虚《むな》しかった。それを慰め、満たしてくれるのがテレーズであった。こうして、ルソーは「けっして捨てもしないし、結婚もしない」という条件でいっしょになった。そして翌年には、最初の子どもが生まれた。

テレーズは無知であった。字がやっと書ける程度であり、数字が読めず、時計の見方も知らなかった。お金を勘定することもできず、またその話す言葉は、しばしばいおうとしていることと反対であった。しかし、それにもかかわらず、彼女はかれが困難におちいったときには、すぐれた忠告者であった。ルソーはこのようなテレーズによって、その生涯を可能なかぎり幸福に過ごすことができたといっている。

純真なテレーズに反して、その母親は欲深であり、また、何かと二人の素朴な関係を傷つけた。しかし、間もなくルソーはテレーズの母親をはじめ、数人の縁者を養わねばならなくなる。

ルソーがテレーズを得て、すっかり落ち着き、オペラを完成したのは三ヵ月もたたないうちであった。そして、それからの仕事は、それをどう利用するかということであった。かれは、ラモーの擁護者であるラ＝ポプリニエール氏に取り次いでもらい、ラモーにその一部をきいてもらうことにした。ラモーはそれをきいて、「今きいた部分は完全な音楽家がつくったものだが、他は音楽さえ知らないものがつくったもの」と評した。しかし、その評判はリシュリュー公にとどき、公をして「ヴェルサイユで上演させたい」といわせたほどであった。これは実現しなかったが、それを契機として、ラモーとヴォルテールの合作によるオペラ「ナヴールの王女」が「ラミールの祝宴」と改作されるについて、それをリシュリュー公が作詞も作曲も両方できるものとしてルソーに依頼した。それは約二ヵ月ででき、好評であったが、作者のルソーの名はまったく無視されてしまった。それはラ＝ポプリニエール夫人に、ルソーがラモーの好敵手であり、またジュネーヴ人であることによって気に入られなかったからである。

子どもを捨てる

ルソーの生活は窮乏していた。テレーズの母親はルソーの世話で生活が少し楽になるとその姉妹や、息子や娘や、さらには孫娘まで呼び寄せ、ルソーのところに寄食させた。ルソーがテレーズに何かしてやっても、それはそれらの食客にほとんどかすみとられてしまうのであった。そして、そのころ亡くなったルソーの父の遺産はまたたく間に失われてしまった。したがって、ルソーは、生活費をもっとかせがねばならなかった。そこでかれはその小喜劇「ナルシス」をオペラ座に持ち込んだ。しかし、それは採用されたものの、ついに上演されず、かれはオペラ座の無料入場を認められたにすぎなかった。窮したルソーはデュパン夫人とその義理の息子のフランクゥィユ氏にすがる以外には方法がなかった。かれは、二人の共通の秘書のような仕事でようやく口を糊《のり》することができた。

一七四七年の夏の終わり、ルソーはデュパン夫人にともなわれてトゥレーヌ州のシェール川に面しているシュノンソーの宮殿にゆき、御馳走を食べたりして楽しんだ。しかし、その間、パリのテレーズのおなかは大きくなりつつあった。彼女はふたたび妊娠していたのである。それは、かれのその境遇ではまったく困ったことであった。かれは意を決し、生まれた子どもを最初の子ども同様、孤児院に送ることによって窮状を脱した。

ルソーはテレーズと一七四五年に結ばれたが、翌四六年の末に最初の子どもが生まれ、それ以後五三年ごろまでに五人の子どもができたといわれている。しかし、かれはそれをすべて孤児院に送っている。そのようなことは、当時にすればごくありふれたことであったという。たとえば、一七四五年には、パリでは三、三三四人の捨て子があったほどである。そしてそれは毎年ふえる一方であり、捨て子は当時では普通であったという。だから、ルソーはそうした一般の習慣に従ったまでであったのだろう。ルソーの生活は苦しく、また食客などで家庭環境がきわめて悪かった。ルソーによればそれを避けるために孤児院が選ばれたまでであった。つまり、それがもっとも危険のない育て方であった。こうしてルソーは、その子どもを次々となんのためらいもなく捨てていった。かれは、後にそのことがあやまっていたと考えていたことは確かである。それはたとえば、後年ルュクサンブール夫人にあてた手紙の中の次のような言葉でもわかる。

「わたくしの心をいっぱいにしたわたくしのあやまちについての考えは、〈エミール〉を企てさせるのに大きな貢献をしています。こうしたことが示されているのを、あなたは〈エミール〉の第一巻の中にみることができるでしょう。」

その「エミール」の中の言葉は次のとおりである。

「父親の義務を果たすことのできないものは、父親になる権利をもたない。その子どもを自ら養育し、教育することを父親から免除する貧困も、仕事も、世間体もない。読者よ、わたくしの言葉を信じなさい。わたくしは、情をもっていながらその神聖な義務を怠っている人に次のように予言する。そのような人は、その過失で苦い涙をながく流すであろうし、また、それはけっして癒《いや》されないであろうと。」これはルソーの赤裸々な、まったく偽りのない心情であろう。

おそい目覚め

さて、ルソーはヴェネチアからパリに戻って以来、ディドロとは密接に結ばれていた。ディドロとは年齢も一つ違いであったし、二人ともかなり貧乏であった。また、ルソーにはテレーズという女性がいたが、ディドロにはナネットという下品な女性がいた。それはテレーズにも劣る女であったが、ルソーとディドロの間にはいろいろと共通点があり、それが二人を結びつけていた。また、そのころルソーはコンディヤックとも近づきになった。ルソーは「百科全書」に関係した学者たちと交友したのである。またルソーはディドロから「百科全書」の音楽の部分を書くように頼まれている。当時、ルソーは音楽によってしか世間に知られていなかったのである。

一七四九年、ディドロは「盲人書簡」を匿《とく》名で公けにしたが、それが無神論的であるというところから、かれは七月一日にヴァンセンヌの監獄に入れられた。これはルソーにとっては気が狂うほどのショックであった。ディドロは百日ほどで監獄から出され、ヴァンセンヌの城の公園の中で友人と会うことが許された。ルソーは一日おきに八キロの道のりを歩いてかれに会いにいっている。

ある日、かれはその途上、ポケットから「メルキュール-ド-フランス」という雑誌をとりだしてみていると、ふとディジョンのアカデミーが「学問と芸術の復興は習俗を腐敗させたか、もしくは習俗をよくしたか」

DISCOURS
QUI A REMPORTÉ LE PRIX
A L'ACADEMIE
DE DIJON,
EN L'ANNÉE 1750.
Sur cette Question proposée par la même Académie;
Si le rétablissement des Sciences & des Arts a contribué à épurer les mœurs.
PAR UN CITOYEN DE GENEVE.
Barbarus hic ego sum, quia non intelligor illis. Ovid.
NOUVELLE ÉDITION,
Accompagnée de la Réfutation de ce Discours, par les Apostilles critiques de l'un des Académiciens Examinateurs, qui a refusé de donner son suffrage à cette Piéce.
A LONDRES,
Chez EDOUARD KELMARNEC.
M. DCCLI.

「学問芸術論」

というテーマで懸賞論文を募集しているのが目にうつった。これがルソーの生涯の一大転換をもたらす契機となった。ルソーは「これを読んだ瞬間、わたくしは他の世界をみた。そして、わたくしは他の人間になってしまった。」といっている。また、一七六二年一月十二日付のマルゼルブあての手紙の中で、ルソーはそのときのことを次のようにいっている。「もしも、突然のインスピレーションに似た何かがあるとすれば、それは、これを読んでわたくしの中に起こった衝動です。」そのショックは大きく、かれは三十分も木の下で休まねばならなかった。かれはそこで走り書きした「ファブリキウスの弁論」をディドロに読んで聞かせた。それは「学問芸術論」の中に入れられたもので、ルソーの考えの根本をなしているものであった。ディドロはその考えを発展させて論文を書くようにすすめてくれた。

ルソーは眠れない夜に論文を書いた。その中では、芸術と学問の発展が魂の堕落と腐敗とをもたらすという考えを述べている。これは、一七五〇年の夏、かれが三十八歳のとき、かれが忘れたころ当選し、その知らせを受けた。それを聞いてルソーは次のようにいっている。

「この知らせは、その論文を示唆したいっさいの考えを目覚めさせ、新しい力でそれを活気づけた。……

富や世論を越えて、自由であり有徳であるということ、および自足することより、偉大でないものは何もないと思った。」

こうして、ルソーの生活の方向が決定的となった。

この論文はさまざまな論争をひき起こした。その中には、ポーランドのスタンスラス王がいた。王のルソーに対する反駁《ぼく》の論文は、明らかにジェジュイットのムヌー神父による部分が見受けられた。ルソーはその部分を容赦なく論駁した。ルソーによれば、それは「大衆に、個人がいかにして君主そのものから、真理を真理のために擁護できるかを知らせる機会をもった」という点で、大きな意義があったのである。

著作の時代

新生

「学問芸術論」の当選は、それまで自らの価値について自信をもっていなかったルソーにすっかり自信をもたせた。そして、かれが幼いころ読んだプルタルコスや父に植えつけられたヒロイズムと有徳の考えがかれの心の中に発酵し始めた。かれの論文の母胎をなしたものは、実は、幼少のころの勉強の中にあった。それが今や目覚め、生き生きとしてきたのであった。もはや、かれは金持ちになることも、出世や昇進することもすべて断念し、かれの残りのわずかな人生を独立と貧困の中で過ごそうと決心した。そして、かれはまず最初にフランクゥィユ氏のもとでの地位を断念しようと考えた。しかし、独立するとしても食べて生きてゆかねばならない。そこで、かれは楽譜を一ページいくらで写すことを思いついた。その決心をフランクゥィユ氏に手紙で知らせてやったが、かれにはルソーの手紙の意味がなんのことかわからず、かれが発狂したと思い込み、フランクゥィユ氏はそれを皆に触れまわったほどであった。

ルソーは、こうして独立し自由になった。金をあしらった服もぬぎ、白い長靴下もとった。また剣もはずし、時計は売ってしまった。なぜならば、すっかり自由になり、もう時間を知る必要もなくなったからである。

しかし、かれの選んだ自由の生活もそうは快適でなかった。それはかれが有名になったからである。そして、かれがとった生き方が人の興味をそそり、人々はだれの援助も求めず、また、独自な方法で自由に生き、幸福であること以外には何も考えない変わった男を知りたいと思った。そのため訪問客が多くなり、かれは幸福どころではなくなった。

不和

一七五二年の春、ルソーはパッシーにいっていた。それは健康がすぐれないでいるところを、たまたまミュサール氏からパッシーの水が効《き》くといわれたからであった。そこで、ルソーは「村の占者」をつくった。それは、その年の十月国王の前で公演されたが、きわめて好評を博し、それによってルソーはさらに有名となった。しかも、国王がその成功に対して年金を賜わることになった。そのために国王が拝謁するというのである。しかし、ルソーは拝謁にゆかなかった。それは一つには、ルソーの非社交性からであった。かれには以前から泌尿《ひにょう》器系の持病があった。しきりに尿意をもよおすのである。それがかれを社交界から遠ざけていた。国王に拝謁することはそれを考えると苦痛であった。また、国王とうまく話をすることができるか否かも不安であった。また、かれが拝謁にゆかなかったのは年金をもらうことによる束縛を避けようとしてのことでもあった。独立と自由が、それをもらうことによって失われてしまうことをルソーは恐れたのである。こうしてかれは年金を断わった。

しかし、ルソーのとったこの態度は多くの人々から激しい非難を受けた。ディドロもルソーを非難した。

テレーズとその母のためにも年金は断わるべきではないというのである。二人はそれについて大論争をした。これが二人の仲をさけさせる大きな原因ともなった。

そのころルソーがパリから追放されそうになった事件が起こっている。それは「村の占者」が上演される少し前に、イタリアの道化役者たちがイタリアオペラを、オペラ座で上演したことに始まる。フランスオペラと同時にそれを上演することは必然的に二者の比較をすることになり、結果としてフランスオペラのつまらなさを人々に理解させることになった。しかし、その中で「村の占者」だけはイタリアオペラに匹敵する魅力をもっていた。これを機会にフランスでは、フランス音楽を支援するグループとイタリア音楽を支援するグループとに分かれ大騒ぎとなった。フランス音楽に味方する人たちには、権力者や金持ちが多かった。こうした中で、ルソーは「フランス音楽についての手紙」を書いて、イタリア語のほうがいかに歌に適しているかについて述べた。それは多くのフランス音楽支持者を刺激した。いろいろな迫害がルソーに与えられた。オペラ座が市の手に移ったのを機会に、かれが自作と交換した終身の無料入場権がうばわれてしまった。

自然の発見（**サン-ジェルマンで**）

「村の占者」がオペラ座で上演されていると同じ時に、コメディーフランセーズでは、やはり、ルソー作の「ナルシス」がシャルメットの作曲で上演されていた。しかし作者は匿名であった。それは失敗に終わったが、やがてかれはそれを序文をつけて印刷した。その序文の中で、かれは「学問芸術論」で発展させたかれの考えを、さらにあからさまに書いた。それは後に「人間不平等起源論」の中で、さらに発展されることになる。この「人間不平等起源論」は、一七五三年、ディジョンのアカデミーが提出した「人間の不平等の起源は何か」という題の懸賞論文が契機となったものである。かれは、それを書くためにサン＝ジェルマンにいった。滞在は一週間であったが、それは、かれの生涯でもっとも楽しいものの一つであった。そこでは森の中を散歩しながら考えをめぐらした。そこには自然があった。かれは次のようにいっている。

「わたくしは、そこに太古の像を求め、発見した。そして、わたくしは得意になってその歴史をたどった。わたくしは人間の小さな虚構をみなごろしにした。わたくしはあえて、その本性をはっきりとあばき、時代と、それを人がゆがめてきた事物の進歩に従い、また、人為的な人間と自然の人間とを比較することによって、かれらに、かれらの悲惨の真の原因を、いわゆる進歩の完全の中に示そうとした。わたくしの魂はこの崇高《すうこう》な瞑想によって高められて、神に近づくまで高まった。そして、そこから、わたくしの同胞がその偏見やあやまりや、不幸、そして罪という盲目の道をたどってゆくのをみて、わたくしはかれらに聞こえないような弱い声で叫んだ。＜たえず自然に不平をいっている無分別な人々よ。いっさいのあなた方の不幸は、あなた方から生まれていることを悟りなさい。＞」

こうした考えが基礎になって「人間不平等起源論」が生まれた。

この一週間の滞在は、かれの健康によい影響をもたらした。サン＝ジェルマンから帰ると以前にもまして体力がついていた。それ以来、かれは医者にも薬にもやっかいにならないで治っても死んでも成り行きにまかせる気ままな生活をするようになった。また、パリの騒々しさは、かれの趣味にあわず、それが田舎暮らしを熱望させていた。

共和熱（ジュネーヴへ）

一七五四年六月一日、ルソーはテレーズをともないジュネーヴに向かった。それは共和制の魅力にひかれてであった。そこではすっかり歓迎され、かれはますます愛国熱にとりつかれていた。それはルソーがデュパン夫人にあてた手紙によってもうかがい知ることができる。

「たしかなことは、わたくしには、ジュネーヴは世界で一番魅力ある都市と思われるということです。……そこでは自由がまったく確立しております。政治は穏やかであり、市民は教育されており、確固として慎み深く、また、その権利を認識しており、勇敢に主張します。しかし他人の権利を尊重しております。」

こうして、ルソーの共和熱は高まるが、それと同時に、自分が祖先とは異なった宗教を信仰していることによって、そのりっぱな祖国の市民の権利が得られないのを恥ずかしく思うのであった。そこでかれは率直に改宗しようと決心した。そのときのルソーの考えは次の通りである。

「理性ある人間にとってクリスチャンになる二つの方法はないと判断すると同時に、わたくしはまた、形式的なことや宗規的なことは、各国における法律の領域に属することであるとも判断した。……わたくしが市民となることを欲すれば、わたくしはプロテスタントにならねばならない。そして、わたくしの祖国において打ちたてられた宗教に戻らねばならない。」

「福音書は、すべてのクリスチャンにとって同じである。……礼拝や理解を越えた教義を定めるのは、ただそれぞれの主権に属することである。したがって、教義を認め、法によって規定された礼拝に従うのは市民の義務である。」

こうしてかれは改宗し、ようやくジュネーヴの市民になることができた。そして、パリに戻って、世帯を整理し、テレーズの両親の生活のこともなんとかしてから、ふたたびジュネーヴに戻ろうと考えていた。

ルソーは、ジュネーヴには四ヵ月滞在し、十月にパリに戻っている。そして、翌五五年の春にジュネーヴにゆく予定であった。だから、その間のかれのパリでの仕事は、「人間不平等起源論」の校正刷をみることであった。それはオランダで印刷され、レイという出版社から出されることになっていた。ルソーはそれが出版されたとき、そのジュネーヴ共和国に捧げた献辞がジュネーヴの人たちの気に入らないこともあろうと考え、ジュネーヴにゆくのは、それがどんな反響をもたらすかをみてからにしようと思っていた。事実、反響はよいものではなかった。それは、もっとも純粋な愛国心から書かれたものであったが、ジュネーヴの人人には理解されなかった。これによってルソーが得たものは、「心の満足以外には市民の資格」だけであったが、後に「エミール」が出されたとき、それがジュネーヴ当局によってにらまれ、ついには市民の資格もうばわれてしまうことになる。

レルミタージュ（隠遁の生活）　ルソーがジュネーヴに隠遁することをためらったのは「人間不平等起源論」の反響がおもわしくなかったからだけではない。それにはもう一つ、デピネ夫人がレルミタージュ（フランス語で「隠者の庵《いおり》」を意味する）と呼んでいた小さな庵をかれに提供したということがあった。夫人はその傍に有名な人間をおきたかったのである。それはモンモランシイの森の近くにあった。そこに住むようにといわれたとき、かれは非常に迷った。しかしその当時、ヴォルテールがジュネーヴに住むようになったということが、ルソーをしてジュネーヴ隠遁の決心を決定的に放棄させた。ヴォルテールに対して、ルソーはすでにパリ時代、オペラ上演のことでいやなことがあり、好ましくない感情をもっていたからである。しかし、かれは、ヴォルテールに「人間不平等起源論」を一部贈っている。ヴォルテールは、自然を重んじるそれについて、「人は、人を獣にしたいと欲するのに、そんなに精神を使いませんでした。人はあなたの著作を読むと四つ足で歩きたいと思うでしょう。」と皮肉っている。

一七五六年四月九日、ルソーはレルミタージュに移った。もう二度と都会には住まない覚悟であった。ルソーのほかにテレーズとその母親の二人がいた。そこでの生活について、ルソーはマルゼルブにあてた手紙の中で「一七五六年四月九日にやっと生き始めました。」といっている。ルソーは、美しい田園の生活に真の生活を見いだしたのであった。また、かれは「わたくしは隠遁と田園生活のために生まれてきた人間だと思っている。」ともいっている。

新居になれると、かれはようやく仕事を始める気にもなってきた。かれにはやりかけのいくつかの仕事があった。その中で、もっともたいせつなものは、「政治制度論」であった。それは、かれがいちばん早くから考えていたものであり、また、一生をかけての仕事と考えていたものである。しかし、それはそのままでは出版されず、その一部は「社会契約論」になった。

ルソーが計画していた二番目の仕事は、サン゠ピエール師の著作の粋抜であった。また、かれが三番目の仕事として考えていたものは、「感覚的道徳あるいは賢者の唯物論」である。それはルソーによれば、人間に提供できるもっとも有益な本の一つとなるはずのものであったが、とうとう書かれずにしまった。さらにかれは、デュパン夫人がルソーに依頼したものである教育の体系についても考えていた。

これらの著作のことが、ここでのかれの散歩の主題となった。というのも、かれは歩きながらしか考えることができなかったからである。ルソーの言葉を借りれば、「わたくしの頭はわたくしの足といっしょにしか動かない」のであった。しかし、雨の日のためには書斎での仕事があった。それは「音楽辞典」の仕事であったが、それが出版されたのは約十年後の一七六七年である。

レルミタージュの生活は、しかしながら、けっして穏やかで自由なものではなかった。第一、デピネ夫人に義理があったから、夫人から声があれ

レルミタージュ

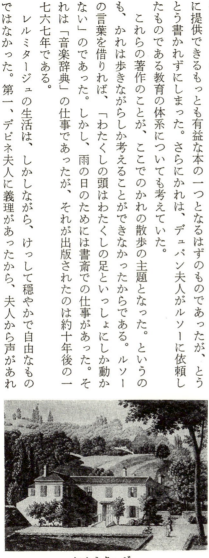

ば、夫人のところに出かけてゆかねばならなかった。また、モンモランシイはパリから十六キロほどしかはなれていなかったから、暇な人たちがぶらりとやってきて、その応接に時間をとられることが多かった。ルソーは、「レルミタージュはレーシャルメットではない」といって、ときには嘆くのであった。

老いらくの恋

そのころかれは、すでに四十五歳になっていた。かれは、人生の終わりが近づくのを自ら感じるのだった。そんなときかれをおそったのはルソーによれば、「愛したいという欲求をかつて満たしたことがなく、ただそのような欲求に身を焦《こ》がしていたわたくしは、わたくしが老いの戸口に達し、生きたということなしに死ぬのをまのあたりに見た。」という思いであった。

ルソーにとって、生きるということは愛することであった。人生において、いかに名声を得、また、産をなしたとしても、あるいは、いかに偉大な学問体系をつくりあげたとしても、真の愛をもたなければ、真に人生を生きたことにはならないということは多くの真理を含んでいる。ルソーは、真に生きたといえるに価するような愛——心においても、官能においても豊かな愛——を今まで経験したことがなかった。そのような愛を知ることなしに、恋の時期をすぎて死んでゆくことを考えるとき、ひとは非常な絶望を感じ、ただ悲しいおもいに自らの不運をかこつか、あるいはいっさいをかえりみず冒険に走るか、あるいは空想で虚《むな》しくそれを満たそうとするかであろう。ルソーは、テレーズには真の満足を感じなかったが、やはり愛しており、家庭の平和を乱したくなかった。だから、かれは空想の世界でそれを求めようとした。こうして、一年中でもっとも美しい六月の木陰で、かれは空想にふけるのであった。それは後に「新エロイーズ」となって結晶したものであるが、このような空想の最中に、かれは突然ドゥドト夫人の訪問を受けた。夫人はデピネ夫人の義理の妹であるが、ルソーはドゥドト夫人とはその娘時代に知り合いになり、その結婚後は、ラーシュヴレットの宴会でいっしょに数日過ごしたこともあった。彼女の夫は憲兵隊長であったが、彼女にはサン＝ランベールという恋人がいた。ルソーはその友人でもあった関係で、夫人はその消息を知らせにやってきたのであった。ドゥドト夫人が二度目にかれを訪《たず》ねてきたとき、かれはすっかり夫人に心をうばわれてしまっていた。それはかれの生涯ではじめての唯一《ゆいいつ》の恋というべきものであった。しかもその結末は、かれにとって永久に記念すべきものであり、また、想いだしても恐ろしいものであった。

　ルソーによれば、夫人はそのとき三十歳に近かった。美人ではなかったが、しかし、どこか若々しいところがあり、その表情は生き生きとし、柔和で、やさしかった。また、他人の悪口をいうような人ではなく、いわば天使のような性格の持ち主であった。空想の中で対象のない恋に酔っていたルソーは、その酔いでその目をすっかり眩《くら》まされてしまっていた。そこにあらわれたのがドゥドト夫人であったわけであるが、それはルソーにとっては、その対象のない恋に対象があらわれ、自然、夫人がその対象として固定したことになった。夫人は情熱的にその恋人のことを語った。ルソーはそのような夫人の中に、「新エロイーズ」のヒロインジュリーを見たのである。ルソーは夫人の言葉を聞き、また、その傍にいると思うだけで、かつて他の女性の傍で感じたことのなかった、なんともいえない身震いを感じたのである。かれは、ついにそれを夫人に告白しなければならなかった。告白すると気が楽になった。ルソーの言葉によるまでもなく、恋というものは、それを掻《か》きたてた人にその気持ちが知られてしまえば、苦しさは半減するものである。しかし、その気違いめいた告白に、夫人はただルソーをあわれむだけであった。夫人は寛容であった。そして、かれがふたたび理性的になったら、三人の間でつくりあげることのできる親密で、楽しい交際を語るのであった。夫人はサン＝ランベールを愛していた。だから、それはいわばルソーの片思いであった。しかし、夫人はルソーを尊敬し、またかなりの好意を寄せていた。だから、その後も夫人とルソーは頻繁に訪問しあっていた。夫人は友情の範囲でかれに許すことのできるものはすべて許したのである。

ある日のこと、ルソーは夫人を訪ねた。ちょうどその夫も愛人も遠くにいっていた。二人は庭のアカシアの木の下に腰をおろし語り合った。かれは、その胸の感動をそれにふさわしい美しい言葉で語った。月も美しかった。ルソーは、すっかり陶酔して夫人の膝に涙を流すのであった。夫人も感動に涙を流し、そしてさけぶようにしていった。

「あなたのようにやさしいお方はございません。また、あなたのように人をやさしく愛した恋人もございません。しかし、あなたのお友だちのサン＝ランベールがわたくしたちのいっていることを聞いていますわ。わたくしの心は二度も愛することはできません。」

それを聞いてルソーは溜息《ためいき》をついた。そして夫人を抱擁した。それですべてが終わりだった。この恋は、かれにとって生涯に一度のものであったが失恋に終わった。ルソーはかれが理想とした恋をとうとうもつことができなかったのである。

嫉妬

二人は、しばしばデピネ夫人の眼のとどくところで語り合ったことがあった。それがデピネ夫人の感情を損《そこ》ねた。夫人は無視されたと思ったからである。夫人はサン＝ランベールに二人のことを手紙で知らせた。また、テレーズをそそのかせてルソーあてのドゥドト夫人の手紙を盗むようにいったりした。こうして、ルソーとデピネ夫人の間は不和になっていった。そのうえ、デピネ夫人が病気でジュネーヴの医師のところにゆくことになり、ルソーに同行を求めてきたが、かれはそれを断わった。そのことが仲たがいの決定的な原因となった。またそれは同時に、友人グリムやディドロとの間をますます険悪なものにする原因にもなった。グリムとディドロはデピネ夫人に加担していたからである。

一七五七年十二月十五日、ルソーはレルミタージュを去った。幸いコンデ公の財務代理をしているマスタ氏が、モンモランシイのモン・ルイにあるかれの庭園の中の小さな家を貸してくれることになったからである。それは小さくてテレーズと二人で住むのにやっとの広さであったので、それを機会にテレーズの母親はパリに住まわせることにした。こうしてルソーはやっと長年かれを悩ましてきた彼女から解放された。しかし、新居に落ち着くとかれの肉体は激しい尿閉と脱腸に苦しめられ、一七五八年は気候がよくなっても健康はとり戻せず、衰弱のうちにルソーは過ごすことになる。

ルソーの孤立と、「ダランベールへの手紙」

「ダランベールへの手紙」が書かれたのは一七五八年三月であるが、これが百科全書派の人々と決定的な仲たがいの契機となる。すでに、ルソーはディドロとは不和となっていた。もっともかれはグリムよりはディドロをいつまでも信じていたのであったが、ルソーが「百科全書」に全力を注いでいたディドロにかまわずパリを去ったことを、ディドロはこころよく思っていなかった。だから、ディドロはその著「私生児」の中で「ひとりでいるのは悪人だけ」と書き、ルソーの田舎住まいを当てこすっている。ディドロはルソーの孤独を求める気持ちがわからなかったのである。それはかれの性格以外にも、多分にかれの尿閉からきているものがあった。ディドロはテレーズやその母をパリに戻してルソーから引き離すことによって、かれを悩まそうと謀《はか》っていた。それにはグリムも加担した。こうしたルソーに対する加害はばかげた単なる感情的なものが原因といえばいえようが、それにはやはり思想上の対立もからんでいた。演劇についての「ダランベールへの手紙」がその対立を決定的なものにしたわけである。それは一七五七年の終わりに出た「百科全書」第七巻にダランベールが「ジュネーヴ」の項を担当し、そこにはジュネーヴに劇場を建てる目的についても書かれてあった。ダランベールはヴォルテールの忠実な信奉者であり、その推薦《すいせん》によって書いたのであるが、ヴォルテールとルソーとは「人間不平等起源論」をヴォルテー

ダランベール

ルがこっぴどく批判したときから対立していた。したがって、「ダランベールへの手紙」はヴォルテールに対する批判でもあった。これに対してヴォルテールは一七五九年に「カンディド」で答えている。

さて、ダランベールは、「ジュネーヴ」の中で、ジュネーヴにはカルヴァン以来禁じられたまま劇場がないことを惜しいとしていた。すでにみたように、ルソーはオペラをつくっていたが、ジュネーヴの一市民としてもそれに答える必要を感じたのである。ルソーによれば、演劇は最高の芸術であるが、同時にもっとも危険なものでもある。なぜならば、情念と戦うどころか、それに媚《こ》びるからである。すなわち、それは悪徳を愛すべきものにし、美徳を笑うべきものにするからである。こうしてかれは、劇場をその祖国につくることはジュネーヴの道徳を危険なものにおとしいれ、破壊すると考えたのである。しかも、この序文には、わざわざディドロに対して、「わたくしはきびしく分別あるアリスタルク（きびしいが公平な批評家）をもっていた。今はもうそれをもたない。もうもちたいとも思わぬ。」と書き、ディドロとの絶交の宣言までしている。こうしてルソーは、ディドロ・グリム・ヴォルテールなどからまったく孤立してゆく。一七六〇年六月十七日のヴォルテールにあてた手紙の中では、「わたくしはあなたがきらいである。」とまで書いている。

実り多き生活

さて、こうして友人たちと決別していったかれは、モンモランシイではとくにリュクサンブール元帥とその夫人との交際をもつようになる。元帥はモンモランシイに別荘をもっており、年に二度ほどきて五、六週間滞在するのであった。ルソーは生来社交嫌いであったが、元帥自らかれを訪れてきて交際が始まった。元帥はルソーに非常な好意をもっていた。この元帥との交際の間に、かれは「新エロイーズ」を完成し、「社会契約論」を、さらには「エミール」を書き上げている。

「新エロイーズ」が出版されたのは一七六一年の一月であるが、かれは「告白」の中でそれについて次のように書いている。

「わたくしは、もっとも魂をうばうようなイメージで、わたくしの心の二つのアイドル、すなわち恋愛と友情とを空想に描いた。わたくしはそれらをわたくしがいつも憧《あこが》れてきた女性のもついっさいの魅力で飾って楽しんだ。わたくしは、二人の男友だちよりもむしろ二人の女友だちを想定した。というのは、そういう例はとても稀《まれ》であったからであり、また、そのほうが愛らしかったからである。わたくしは、それらに二つの似てはいるが、異なった性格を与え、また、完全ではないが、わたくしの好みにあった親切で思いやりのある姿を与えた。わたくしは、一方を褐色の髪に、他方はブロンドにした。そして、一方を活発で他方はおとなしく、さらに一方を聡明《そうめい》に、他方を劣ったものにした。……そして、わたくしはその二人のうち一人に恋人を与え、他方は、それのやさしい女友だち――いや、それ以上のものとした。わたくしはこの二人の魅力あるモデルに惚《ほ》れこみ、できるだけその恋人、友人をわたくしに似せた。」

こうして書かれた「新エロイーズ」は非常な好評を得た。これは当時のヨーロッパでベストセラーになり、一八〇〇年までに七十九版を重ね、人々の心をすっかり魅了してしまった。ルソーの言葉によれば、とりわけ「女性はその本にもその著者にも夢中になっていた」という。

また、「社会契約論」は、一七六二年四月に出版された。これは、「政治制度論」が何年かかって完成するかその見通しもつかなかったので、その一部分をとりだしてできあがったものである。この「政治制度論」は、かれがヴェネチアにいたころ、評判高かったヴェネチアの政体の欠陥を見たときに着想した。ルソーはそのときのことを次のようにいっている。

「そのとき以来、わたくしの視野は道徳の歴史的研究において非常に広くなった。わたくしは、いっさいは、根本的には政治というものにつながることを知った。また、いかなる方法をとっても、どんな国民も結局は、その政体の性質がつくったものでしかないことを知った。」

こうして「社会契約論」は生まれたが、これより以上に大きな問題をひき起こしたのは「エミール」である。「エミール」は一七六二年五月に出版されている。

逃走の時代

逮捕状

ルソーは、「社会契約論」と「エミール」によって思想家としての不動の地位を得たのであるが、しかし、この「エミール」はかれの不幸をひき起こすことになった。当時、フランスでは、宗教や政治に関して自由な考えを発表すれば迫害されるということはしばしばあった。だから、それを避けるためには、外国で出版するか、無署名で発表する以外に方法はなかった。カトリックの教義に反する自然宗教を主張するルソーは、そのことにはきわめて神経質であった。

しかし、「エミール」は、リュクサンブール元帥夫妻やマルゼルブ長官のすすめもあって、オランダとパリで印刷されることになった。それは印刷されるまで何度か中断され、嵐の前兆をおもわせるものがあった。事実、「エミール」が公刊されると反響は大きかった。著者に弾圧が加えられるといううわさがルソーにもはいりはじめた。「著書を焼かねばならない」という言葉も聞かれはじめた。数日たつとルソーは、リュクサンブール元帥から高等法院はきわめてきびしくかれを起訴し、即日逮捕状を発するという知らせを聞いた。それはデピネ夫人とグリムの友人であるドゥイーユの司祭から元帥が受け取ったものであった。ルソーに逮捕状がだされたのは一七六二年六月九日であるが、その前夜、かれが床にはいってからしばらくすると、リュクサンブール元帥の従僕がコンチ大公の手紙を、元帥夫人の手紙といっしょに届けにきた。大公の手紙は次のようであった。

「騒ぎは極度に達しています。逮捕を避けることはできません。宮廷がそれを要求し、高等法院はそれを欲しています。朝の七時に逮捕状がだされ、そして、かれを逮捕すべく人が即座にやられるでしょう。もし、かれが遠くにゆくなら追わないという情報を得ました。」

夜中の二時だった。かれはすぐ着物を着ると元帥夫人のところに相談にいった。元帥も、ブフレール夫人もきた。いろいろ提案されたが、ルソーはそこをすぐ出発することに決めた。それが元帥夫妻に一番迷惑のかからない方法であった。原稿や書類を整理しはじめたが、全部はできなかった。残りは元帥が引き受けてくれた。テレーズがきた。ルソーはテレーズを残すことにした。財産の整理をさせる必要があったからである。元帥は馬車をだしてくれ、馬車のところまで送ってきてくれた。

一七六二年六月十四日、かれはイヴェルドンに着いた。そこではロガンの世話になった。ルソーは、とにかく自由の地ジュネーヴにゆきたかった。しかし、ジュネーヴでも六月十九日にかれに対する逮捕状がだされ、「エミール」と「社会契約論」が焼かれた。

「これらの二つの判決は、今までに例のなかった激しさをもって、全ヨーロッパでわたくしに対して起こった呪いのさけびの合い図となった。……わたくしは不信心なものであり、無神論者であり、狂人であり、熱狂者であり、猛獣であり、狼《おおかみ》であった。」

ルソーはこの二つの逮捕状について、このようにいっている。

イヴェルドンにルソーは一度はながく留《とど》まろうと決心したが、ルソー迫害の嵐はベルヌを経てイヴェルドンまで及んできた。そこの判事にルソー追放の命令がとどいたのは七月初旬のことであった。

モチエへ

ロガンの姪《めい》のボワ=ド=ラ=トゥール夫人が、モチエ村にあるかの女の息子の家を提供してくれることになった。そこはプロシア領であった。当時はフレデリック二世の治世であった。ルソーは王があまり好きではなかった。なぜならば、ルソーには、王は自然法と人間のいっさいの義務に対する尊敬を無視しているように思えたからである。しかも、「エミール」では、かれはそれらしきことも書いていた。しかし、かれはプロシア領に住もうと決心した。そこでは王の意のままにされるわけであるが、それにたいして危険を感じなかったからである。ルソーはフレデリック二世の寛大さを信じていた。

ヌーシャテルに近いモチエ=トラヴェールに着くと、ルソーはキース卿に手紙を書いてプロシアの王の領地内に隠退した旨を知らせ、保護を依頼している。キース卿からの返事はきわめて寛大なものであった。また、キース卿から報告を受けた王は、ルソーの隠遁の保証を与えた。さらにルソーはテレーズを呼んだ。こうしてかれはようやく、しばらくの平和な生活を見いだすことができた。

ルソーが「女性のなかで、そして母の中で最善」といったヴァラン夫人の死を知ったのはその年の十月のことである。その死についてルソーは、「もし、わたくしが来世で彼女に会えないと思うなら、わたくしの弱い想像力は、わたくしがそこで望んでいる完全な幸福の観念を描くことを拒むであろう。」といっている。ルソーが夫人と最後に会ったのは一七五四年にジュネーヴにゆく途中のことであったが、そのときの夫人は零落しきっていた。夫人を救う道はただ一つしかなかった。それは夫人を引き取っていっしょに生活し、夫人と運命をともにすることであった。しかし、それには、夫人は頑《がん》として応じなかった。そのまま夫人とは別れたが、その後悔は、かれの一生のうちでもっとも激しく、長く続いたものとなった。しかも、かれの苦しい迫害はその忘恩の当然の報いともかれは考えたのである。

迫害の波

モチエートラヴェールの平和な生活にもルソー迫害の波はじりじりと押し寄せてきた。すでにヌーシャテルでは、フランスがルソーを追放したのだから、こちらもルソーをのしらねばならないと一般公衆や牧師や役人が考えはじめ、いろいろ迫害を加えてきた。ちょうどこのころ、パリの大司教クリストフ＝ド＝ボウモンが、教書の中で「エミール」がカトリックの教義に反するといってそのいくつかを明らかにした。それはルソーにとってきわめて悲しいことであった。それに対してルソーは次のように答えて反論した。

「わたくしは人間の権威を拒否します。そしてわたくしは、わたくしがそれに真理を認めるかぎりにおいてしか人間の書式に従うことを欲しません。」

この手紙は、むしろプロテスタント擁護のものであったが、それはジュネーヴではかえって敵意をもって迎えられた。ルソーは、ジュネーヴでルソー擁護の世論が起こることを期待していたが、それはついに起こら

アルメニア風の服装をしたルソー

なかった。ルソーはすっかり失望し、祖国ジュネーヴを永久に捨てようと決心し、その年の第一理事者にその旨を手紙で知らせた。それは一七六三年五月十二日であった。それには悲壮なものがあった。ルソーは次のように書いている。

「わたくしの故国がわたくしにとって外国になろうとも、故国がわたくしにとってどうでもよいものになってよい訳ではない。わたくしはそのやさしい思い出によって故国に結びつけられたままでおり、ただ忘れるのはその侮辱だけである。」

このルソーのとった最後の手段がジュネーヴの市民たちを目覚めさせた。しかし、それはすでにおそすぎた。その市民の抗議はその年の夏の終わりごろ出されたトロンシャンの書いた「野からの手紙」によってうまくいいこめられて、すっかり沈黙させられてしまった。ルソーはそれには「山からの手紙」を書いて答えた。これは一七六四年十二月に出版されたが、それではジュネーヴの政体そのものも攻撃している。ルソー迫害の手はその後もゆるめられなかった。同年十二月三十一日には「市民の感情」という匿《とく》名のパンフレット——おそらくヴォルテールが書いたもの——がでた。それには次のように書かれている。

「われわれは恥と悲しみとをもって告白しなければならないのだが、かれは恐るべき堕落にそまった男である。……その母親（テレーズの母）はかれのゆえに亡くなった。そして、かれはその子どもを貧民救護院の入口に捨てた。……」

それはルソーにとって非常な打撃であった。それはかれの秘密を全ヨーロッパに知らしめるものであった。しかし、かれはそれに対して身の証《あか》しをたてることはしなかった。同じ日に、ルソーは友人のデュ＝ペイルーにそのパンフレットを送っているが、かれはデュ＝ペイルーに次のように書いている。

「いつか幕がひかれるときに、後世の人はなんとわたくしを愛するでありましょうことか。……今、あなたはわたくしを愛してください。そして、わたくしがあなたの愛に価するとお思いになってください。……」

この言葉の中にはルソーのやり場のない気持ちがよくあらわれている。

ストラスブールへ

モチエでも迫害され生命の危機を感じたルソーは、一七六五年九月十二日、スイスのビエンヌ湖のまん中にあるサン－ピエール島に逃《の》がれた。そこをルソーはすっかり気に入り、そこでは植物学を研究し、「ピエール島植物誌」を書こうと準備も始めている。美しい自然がルソーを慰めてくれた。ルソーは次のようにいっている。

「おお自然よ、わたくしの母よ。ここではわたくしはあなただけに守られています。ここには、あなたとわたくしの間に入り込む悪辣《あくらつ》な人間はおりません。」

しかし、この地も安住の地ではなかった。十月二十一日には退去命令がでている。ルソーはいったんビエソンヌに落ち着いたが、そこでも迫害にあい、同月二十九日、ベルリンに向かってその「殺人の地」を去った。そして、十一月二日ストラスブールに着いた。ここではかれは幸福であった。かれは市から安全を保証され、しかもかれの作品「村の占者」がかれを歓迎して上演された。宿には朝から晩まで訪問者が絶えなかったという。また、コンサートが開かれ、それに招待されたかれは、かれがつくったオペラの中の歌をきいて楽しい時を過ごした。そのうれしさをかれは次のようにいっている。

「人々がここでわたくしに示す好意と尊敬と敬意には、これ以上何も付け加えることができない。」

ヒュームからの手紙

ストラスブールにルソーは留《とど》まろうとも考えたようであったが、その間、パリではヴェルドラン夫人がフランスをルソーが通過してもよいというパスポートを入手していた。彼女とはモンモランシイで知り合いになっていたが、かの女は、当時パリにいたヒュームと交際があり、ルソーをヒュームのところにゆかせようと考え、その準備をしていた。十一月十四日、ルソーはそのパスポートを受け取った。次いでヒュームからも鄭重《ていちょう》な招待の手紙を受け取った。

「あなたの絶えることのない、奇妙な不幸は、あなたの徳と才気とは関係なしに、人情を知っているすべての人が関心をもたねばならないものです。わたくしは、あなたが英国において、その法律の寛容の精神によってのみならず、すべての人があなたの人格に対してすでにもっている尊敬によって、迫害に対する完全なる安全を見いだすでありましょうことをあなたに確言することができます。」

これに対して、ルソーは十二月四日付の手紙で次のように答えている。

「あなたの御親切はわたくしの身にしみ入り、また、同時にそれを光栄に思います。あなたのお申し出に対してできるもっとも適切な御返事はそれをお受けすることであります。わたくしはお申し出をお受けいたします。わたくしは五、六日中に、あなたの腕にわたくしを投ずるために出発いたします。」

凱《がい》旋《せん》

十二月九日、ルソーはパリに向けて出発した。パリに着いたのは十六日の夜である。かれはまず、かれの本の出版者であるマダム＝デュシェーヌのところに落ち着いたが、すぐにコンチ大公の保護を受けてル＝タンプルの近くのホテル、サンシマンに移った。パリでは、はじめまったく人に知られないように注意したが、ルソーきたるの情報はすぐに知れわたり、ホテルには訪問客が絶えなかった。サン＝ランベールは、こうしたルソーをみて、「ルソーは名声というかれの夫人たちと旅行しているのだから、かれを気の毒に思うな。」といっている。警察からのおとなしくするようにという警告にもかかわらず、訪問客があまりにも多く、時間を決めて面会するほどであった。いわば、かれはパリに凱旋したのであった。

はじめてヒュームにも会った。当時、ヒュームは五十四歳、ルソーは五十三歳であった。ヒュームはルソーに会い、すっかりその虜《とりこ》になってしまった。ヒュームは、ルソーを温和で、穏やかな好人物と感じ、また、「わたくしはかれが好きである。かれの愛情に少しでもあずかりたいものである。」ともいっている。こうしたヒュームの心酔振りに反し、その友人のホーレス＝ウォルポールは、しばしばルソーの皮肉をいうのであ

ヒューム

った。かれは、プロシア王からルソーにあてたという偽りの手紙をエルヴシウスなどに仏文のあやまりを訂正してもらって書き、ルソーに学識をもつようにすすめ、「もし、あなたが新しい不幸で心をいためたいと思うなら、その道を選ぶがよい。わたくしは王である。わたくしはあなたの願いのままにそれを得させることができる。……」といっている。また、ドルバック男爵は、ヒュームにルソーの本質を知らないことを忠告している。

ヒュームとの不和

一七六六年一月四日、土曜日、ルソーはヒュームといっしょにパリを出発した。二人のほかにはルソーの友人であったジャン＝ド＝ルュウズが同行した。途中、かれらはロワで一泊し、そこで同じ部屋で寝たが、夢をみていたと思われるヒュームは何回か非常に激しい語調で「わたしはルソーを捕えた」とフランス語で叫んだという。それは後の二人の関係を予言するかのような言葉であった。

かれらがロンドンに着いたのは一月十三日の午後であった。まず、ロンドンではヒュームがいつも泊まっていたリイル街のエリオット夫人のところにいったが、そこには偶然にもルソーが敵としていたスイスの医者トロンシャンの息子がおり、ルソーは、てっきりそれはルソーを侮辱するために仕組まれたものと思い込み、エリオット夫人と一悶着《ひともんちゃく》を起こして他に住居を求めるという一幕があった。しかし、ロンドンにおいても、ルソーはパリと同じように注目され、歓迎された。ルソーの犬サルタンが行方《ゆくえ》不明になったといえばそれが新聞に報道され、また、それをヒュームが発見したといえば、それも新聞に出るほどであった。ヨーク公やブランシュヴィック世襲太子などもルソーを訪問した。また、王夫妻でさえも一月二十三日にはドルーリーレーン劇場に、ルソーを芝居にかこつけて見にいっている。

ロンドンに着いて最初の数週間はすべてがうまく運んでいた。二週間ほどルソーとヒュームはバッキンガムでいっしょに暮らしたが、後にはルソーはチスウィックの食料品店の家に移った。二月十三日には待ちに待ったテレーズも到着し、三月十九日には二人でウーットンに出発した。

その前夜、ルソーがヒュームに食ってかかるという事件が起こっている。ウーットンの住居を提供してくれたのはリチャード＝ディヴンポートという人であったが、かれはルソーがロンドンからウーットンにゆく際に、駅馬車を利用するよりも経費を安くあげさせてやりたいと思ったことから嘘《うそ》をついて、明日ついでの馬車があるからといって、自ら馬車をやとってやろうとした。しかし、それがルソーには侮辱にとれた。いくら貧乏しても乞食のまねはしたくないというのがルソーの言い分であった。そして、ルソーは、ヒュームを、事情を知りながらディヴンポートとぐるになっているとし、非難したのであった。やがてルソーが折れて和解したが、このことは二人の不和の一因ともなった。

二人の間を裂く事件は、ウーットンにゆく前に他にもあった。それは、すでに述べたプロシア王が書いたとされた偽《にせ》の手紙が「セントージェームズークロニクル誌」に発表され、それがロンドンの新聞に転載されたという事件である。ヒュームは、それを単につまらない、悪意のない冗談《じょうだん》としてすまそうとして、それを実際に書いた友人のウォルポールと絶交もしなかったことがルソーには少なからず不満であった。この偽の手紙の公表を契機として、ルソーを揶揄《やゆ》する文がいくつか発表された。「ヴォルテールからルソーにあてた手紙」がでたのもこのころである。

また、ルソーがダランベールを卑しむべき、ずるい男と評したのに、ヒュームはダランベールがルソーの敵であると知りながら、それを否定したことによっても、さらには、ロンドンで、ヒュームがトロンシャンの息子と同じ家に住んでいたことによっても、ルソーには、ヒュームがパリにいるルソーの敵の一味であるかのように思えてならなかった。

そのようなルソーの疑いを少しも知らないヒュームは、コンウェイ将軍をとおして、ルソーが国王から年金がもらえるように奔走していた。やがて、五月二日、年一〇〇ポンドの年金がもらえることに決まったが、それに対してルソーはコンウェイ将軍に手紙を書いている。それは、その年金を受けるとも受けないともなんとも解し難い文章の手紙であり、ヒュームはそれを受けとらないと解し、さらにそれを受けとるようルソーに手紙を書いたが、返事はすぐにはこなかった。

六月二十三日付のヒュームあての手紙がルソーから届いたが、それは絶交の手紙であった。それでは、ルソーはヒュームをその正体を隠している腹黒い人間と断言している。ルソーには、ヒュームも迫害者の一味と思われたのであった。こうしてルソーとヒュームは永久に別れた。

英国を去る

ルソーはウートンに滞在中「告白」の最初の部分を書いている。それは一七六六年の秋から冬にかけてである。「告白」が書かれるようになったのは出版者のすすめもあったが、その敵たちの中傷の中でそれに対する身の証《あか》しをたて、自らを守るということも一つの動機となっていたのであろう。ルソーは、「わたくしの告白の本来の目的は、わたくしの生涯のすべての状態におけるわたくしの内面を正確に知らせることである。」といっている。

さて、ルソーは一七六七年四月にはフランスに帰った方がよいと考えるようになる。かれは気違いの気を帯びてくる。イギリス人全部が何かルソーに陰謀をしていると思い込んでしまったのである。そして五月一日にルソーとテレーズはひそかにウートンを去った。そこにはディヴンポートにあてた手紙と三〇ポンドの金が残されていた。

「わたくしは明日あなたの家を去ります。わたくしはわたくしを待っている罠《わな》も、それからわたくしを守る無力さも知っています。しかし、わたくしは生きてきました。わたくしに残されているものは、勇気をもってこれまで誇りをもって生きてきた一生を終わることしかありません。わたくしを圧迫することは容易です。しかし、わたくしの品位を下げることは困難です。」

五月十八日、ドーバーに着いたルソーは、そこでコンウェイ将軍にかなり長い手紙を書いている。その中でかれは、英国から自由に逃がせてほしいと訴えている。ルソーはヒュームの策略によって英国に虜《とりこ》になり、そこから逃げられないように絶えず監視されていると思い込んでいたのである。そして、しきりに死ぬ前に少しでも自由になれれば幸福であるといっている。そして、その手紙は、「亡びるか、それとも自由であるか、そのいずれかであることを決心しました。その中間はないのです。」と結ばれている。

かれは、将軍からの返事を待たず五月二十一日にカレーに到着している。こうして英国を去ったルソーをヒュームは気の毒に思ったのであろう。ヒュームはチュルゴーに手紙を書いて、ルソーがフランスに帰ってから不当に扱われないように依頼している。決然と別れた仲ではあったが、興奮から覚めたヒュームには、ルソーの精神状態がまったく狂気であったことがわかったのであろう。

ルソーの晩年

狂えるルソー

ルソーは英国を去る前に一度ならずミラボー伯から手紙をもらっていた。ミラボー伯は重商主義者として知られているが、ルソーと同様個性の強い人物であった。かれは、ルソーのヒュームとの喧嘩《けんか》をばからしいものと非難していたが、ルソーの思想には共鳴していた。そしてルソーにその領地内の気に入るところに住むように手紙を書いていたのである。ルソーはカレーに着くとその到着をミラボー伯とコンチ大公に知らせた。ミラボーはひそかにルソーをかれのところに連れていった。その当時、まだパリの高等法院の逮捕状は効力をもっていたからである。ルソーはジャックという変名で旅行した。そこでしばらくすごしてから、ルソーは今度はコンチ大公の世話になり、やがてトリーの城に身をひそめることになる。それ以来、ルソーは、ジャン＝ジョーゼフ＝ルノーと名乗り、テレーズはその妹ということにした。

ルソーはトリーには一七六八年の六月まで、ちょうど一年間いたが、この間、かれは、かなりの精神錯乱《さくらん》の中で「告白」の第二部に着手していた。かれはしばしば陰鬱な幻想に悩まされた。そして、庭師も召使もみなヒュームに雇われて、かれを殺すつもりで見守っていると思っていた。ルソーには壁という壁に耳があるように思われた。このような状態では何も書けるはずはなかった。こうしてルソーは、手紙を書く以外にはペンを擱《お》き、読書さえもやめてしまった。かれが興味をもったのは植物学ぐらいであった。

ルソーの錯乱状態はデュ＝ペイルーが病をおしてかれを訪れてきて、ついにそこで重病になってしまったときにも見られる。半ば意識が混濁した状態になってデュ＝ペイルーは、ふたことみことぶつぶつつぶやいた。それを聞いてルソーはてっきり、デュ＝ペイルーがルソーに毒を盛られてそういっていると信じてしまったのである。

一七六八年の早春にはこうした傾向はやや快方に向かった。三月二十八日には、ディヴェルノワに「わたくしは快適に散歩をしました。わたくしはまた幸福になりました。」と書いている。しかし、その二日後に門番が死んだときには、かれが毒を盛ったのではないことを明らかにしてもらうために、死体の解剖を主張している。まだ、かれは完全には治《なお》っておらず、弟子《でし》のコワンデさえもヒュームのスパイと思ったりした。

正式の結婚

六月十四日、コンチ大公が引き止めるにもかかわらず、ルソーは安心を得られないままリヨンに向けて出発した。リヨンからさらにグルノーブルにいった。そこではルソーを尊敬する人々に会ったが、その中に法思想においてルソーの影響を受けたグルノーブル高等法院の次席検事であるド＝セルバンもいた。ルソーは、そこからシャンベリーにいってヴァラン夫人の墓参をし、さらに、ブルゴワンにいった。やがてテレーズも到着し、八月三十日に二人はそこの宿ラ＝フォンテーヌ＝ド＝オルで結婚式を挙げた。これによってテレーズは正式にルソー夫人となったわけであるが、ルソーはこれについて、ルセール夫人にあてた手紙の中で次のようにいっている。

「わたくしの妹（テレーズのこと）は神の恵みによってわたくしの妻となりました。わたくしはこんなに喜んで、また、こんなに心から義務を果したことはありません。」

しかし、ルソーはこの地でも「敵」を感じさせる事件に会い、再び妄想に悩まされる。そして、キプロスにゆこうか、ギリシアの多島海の中の小さな島にゆこうかと迷う。また、ディヴンポールの親切を思い出してウーットンにゆこうか、あるいはミノルカにゆこうかと迷う。結局、一七六九年一月にモンカンに移り、ここで植物採集を楽しんだが、十一月になって再び「告白」を書きはじめた。ここで十二巻の一部までが書かれた。

パリへ

ルソーはフランスに戻ってきてから、絶えずパリにゆきたいと思っていた。一七七〇年四月になると友人サン＝ジェルマンが止めるのも聞かず、まずリヨンに向けて出発し、ディジョンを経て六月十四日にパリに着いている。パリでは多くの人々に迎え入れられた。したがって、かれは法の網をくぐって逃げていることさえ完全に忘れてしまうほどであった。ルソーがパリにいるということは公然たるものであり、主任警部のサルティヌはそれを黙認していた。だからルソーはカフェーでチェスをしたり、オペラ座に「村の占者」を観《み》にいったりした。

また、かれの宿にはたくさんのもの好きの訪問客が押し寄せた。パリで一番高名な人と話をしたことを自慢したいという人が少なくなかったのである。また、晩餐の招待も多く、それを断わりきれずに、当初はしたいこともできなかったらしい。しかし、かれの傷ついた心は、そのようなことによっては癒やされなかった。

また、かれは、パリで再び楽譜写しを始めている。当時、かれの収入はテレーズと二人で生活をするのに十分ではなかったという。

このころのルソーの姿を、ビィジウェルンステルは次のようにいっている。

「ルソーはもうすぐ五十九歳になります。……わたくしには、かれが自らそういわなければ、かれがそんな年齢であるとはけっして信じられないでしょう。かれは非常に年齢よりは若く見えます。かれは中背です。大きいというより、むしろ小さく、ずんぐりしています。眼は黒く、輝きに満ちています。かれはいつも頭を一方にかしげています。そして普通はうつむいています。しかし、時々、鋭いまなざしでちらっと見ます。かれの顔はまるまるとしていて整っており、また人好きがします。声が低く、早く話すにもかかわらず、その物腰には愛嬌《あいきょう》があり、上品です。」

「告白」の完成

ルソーは楽譜写しのほかには植物採集をしていた。植物学への情熱がかれの傷ついた心を癒《い》やしてくれた。郊外への散歩が毎日の日課となった。こうした間にも「告白」は書き続けられていた。それを書き終わったのは十二月であったが、何も出版しないという条件でパリ滞在を黙認してもらっていたかれは、それを朗読会で発表する以外に方法がなかった。一七七〇年の終わりから七一年の冬にかけて、数回小さな朗読会が開かれた。その朗読会で、ルソーは「告白」について次のようにいっている。

「もし、わたくしがさらけ出してきたことに反対のことを知っている人があるとしても……それは嘘《うそ》であり、中傷であります。わたくしが生きているかぎり、わたくしとともに、それを明らかにし、きわめることを拒《こば》むならば、その人は正義も真理も愛しておりません。」

しかし、最初の朗読会は成功といえるものではなかった。そこでは感動のどよめきは起こらず、ただ沈黙があるだけだった。それればかりか数日後ルソーは主任警部に呼び出され、もう会を開かないように申し渡された。それは、その友人であるデピネ夫人の要請によるものであった。

こうした失敗と圧迫にルソーの心は傷つくばかりであった。その上、かれは前年の十一月ごろから体の具合も悪くなっていた。

一七七一年の秋から翌年の春にかけて、ルソーは「ポーランド統治論」を書いている。それは、ウィルホルスキイがポーランドを救うにはどんな手段が必要かと尋《たず》ねたことに答えたものである。ルソーはポーランドにただよっている危険をみて、その国境が隣国によっておかされることを鋭く予言している。そして、ポーランドを救うためには公教育が重要であると説いている。ロシア・オーストリア・プロシアが第一回のポーランド分割をしたのは、翌七二年の五月のことであった。

晩年の生活

一七七二年のルソーの生活は、午前五時に起きてから楽譜を写す仕事を始め、七時半ごろ朝食、それから午前中はその仕事をずっと続け、午後はカフェーにいったり、植物採集

ノートルダム寺院の祭壇に原稿をささげようとするルソー

をしたりして夕方帰り、九時には寝るという毎日であった。孤独と迫害をもっぱら自然によって慰めていた。

一七七二年には、さらにルソーは「ルソー、ジャン＝ジャックを裁く――対話」を書き始めている。「告白」は反響がなく、ルソーは、ただ「対話」によって自己弁護を試みようとして執筆したのである。完成したのは七六年のはじめである。この年の二月二十二日には、かれの妄想の程度は極度に達していた。かれはその原稿をノートルダム寺院の祭壇の上に、真理への誓いとしてささげようとした。しかし、鉄格子の柵が閉《し》まっていてそれは達せられず、ルソーは、そのことを神がかれの敵側に味方していると解釈し、ますますその狂気は昂《こう》じ、街をさまよい歩くのであった。家に帰るとやや冷静になり、今度は原稿が迫害者によって捨てられないように、一部はコンディヤックに、もう一部は英国で知り合いになり、たまたまパリにいた青年に渡した。四月には、「正義と真理を愛するすべてのフランス人へ」という回状をつくり、それを通行人に渡し、自らの無実を訴えるのであった。

わたくしは何者であるか

この年の夏の終わり、ないし秋ごろから「第一の散歩」が書かれている。万人一致の申し合わせによって友人たちから追放された境遇におかれたかれは、迫害をこのころから冷静に考えるようになってきた。ルソーはあらゆる抵抗が虚《むな》しいと悟った。そして、迫害はもうすべてなしつくされたと考え、これ以上、何も恐れることはないと悟る。そして、「自分はいったい何者であるか」を探究しはじめる。孤独なかれは、今では自分だけが問題であり、その探究にのみ慰めを見いだした。ルソーは孤独に追いやられて、そこにかえって幸福を見いだしたのである。

「忍耐、柔和さ、諦《てい》観、廉直、公平な正義、これらは人が自らとともにもってゆくことのできる財産であり、それを人は絶えず豊かにすることができ、また死がその価値を失わせる恐れもない。わたくしはこの唯一《ゆいいつ》で有用な研究に残りの老年の生活をささげる。」

と、ルソーはいっている。

ルソーの死

かれは、その晩年の数年をひどい貧困に悩まされる。一七七七年はテレーズが病気になり、ルソーがその看病をしなければならなかった。また、かれはもう写譜ができなくなってきた。貯えは不十分であった。七八年五月二十日、かれはかれの愛読者のジラルダン侯爵の好意でパリから二十マイル離れたエルムノンヴィルに移る。ここでは、六月初旬、ヴォルテールの死を聞いた。そのときルソーは「わたくしの存在はかれに結びつけられていた。かれが死んだ今、わたくしは、かれに続いて早くゆかねばならない。」といったという。

この地は、かれの気に入った土地の一つであり、ここでかれはジラルダン侯爵と植物採集をしたりして楽

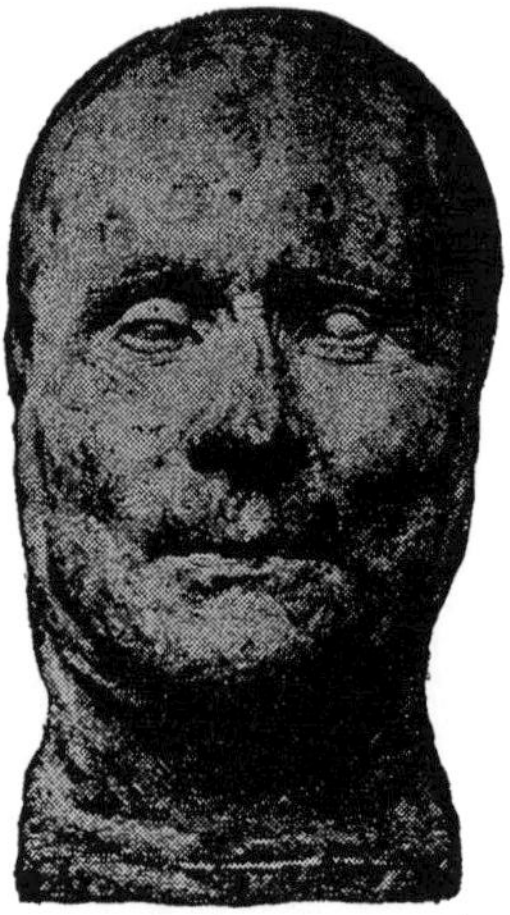
ルソーのデスマスク

しんだ。

七月二日、かれは朝早く起きて散歩にいった。そして八時ごろ戻り、テレーズと女中といっしょに朝食をとった。その後、かれはテレーズを錠前屋に払いにやった。かれは、ジラルダン侯爵の娘に音楽を教えにゆこうとして突然倒れた。テレーズが戻ってくるとルソーはうめいていた。テレーズはルソーの死のただ一人の目撃者であった。

テレーズの話をもとにしてつくられた医師の報告によれば、かれの死の模様は次のとおりである。

「……かれは、つづけざまに、足のうらが変に刺すような感じがする、背中にそって非常に冷たいものが流れるように寒気がする、胸部が苦しいと訴えた。とくに最後の時には頭痛が非常に激しいと訴えた。それは発作的に起こった。それをかれは両手で頭をかかえて示していた。そして頭蓋骨が割られるようだといった。かれの命が絶えたのはこの発作の最中であった。かれは腰掛けから落ちた。すぐにかれを起こしたがかれは死んでいた。……」

時に十一時であったという。翌日ウドンと何人かのイタリアの彫刻師がきて、デスマスクをとった。

七月四日の夜十一時、遺体は湖水のポプラ島に運ばれた。月がのぼり、明るく、ポプラの影が静かに水面に映っていたという。

Ⅱ　ルソーの思想

ルソーの求めたもの

ルソーの思想を問題とするとき、かれがさまざまな思想家から受けた影響も無視することはできない。すなわち、かれの政治思想には、プラトン・ホッブス・グロティウスなどの、また、教育思想にはロックやモンテーニュなどの影響がみられる。

しかし、こうした中で、ルソーが終始一貫して追求したものは人間の自由であり、それを損なう悪から人間を解放することであった。一八世紀は、啓蒙主義以来、悪の問題が哲学の主要な問題の一つとなっていた。それは啓蒙主義が、人間を不安で、不完全なものとする伝統的な宗教に対する反動であったからでもある。たとえば、ベールは、この世の悪の存在はこの世を創造した全知全能の神からは少しも合理的に説明されることはできないと考え、宗教は道徳に何の影響力をもたないとした。また、ライプニッツは、悪は、音楽における不協和音のように、全体の美や善のために必要なものであると考えた。

しかし、ルソーは、悪の問題を純粋に哲学の問題として扱っているのではなく、おもにかれ自らが直面した悪を扱っているところに特色があるといえよう。すなわち、かれは、社会制度や政治に悪の根源を求めたのであった。このことは必然的に、ルソーをして自然を重んじさせたのであるが、かれは自然の状態においては、人間は自由であり、生を楽しむことができると考えた。そして、これに反して、社会においては、人間は自由を失い、不幸であると考えた。こうして、人間が自由で幸福であるためにはどうすればよいかを、人間そのものについての考察と社会についての考察の両面から追求することが、ルソーの中心問題となったのである。

文明批判

文明による腐敗

すでにみたように、「学問芸術論」は一七四九年に書かれたが、それはディドロに負うところがあった。しかし、この論文の成立には、それ以上にプルタルコスやモンテーニュやセネカなどの影響が大きい。そして、この論文の中にあらわれた考えはルソーの後の思想のすべてがそこからでたものであり、その思想のいっさいの萠芽《ほうが》はこの中にあるといってよい。

さて、ルソーはこの論文の第一部において、ルネッサンス以来の学問や文学や芸術の復興がいかにして人間からその本来の自由の感じをうばいとり、奴隷状態を愛するようにさせて文明人をつくりあげているかをみている。すなわち、ルソーにあっては、学問や芸術が人間の風俗を腐敗させるものであり、そのかぎりにおいて徳が重視されなければならないということがその根本の考えとなっている。たとえば、ここで、ルソーに従って風俗がいかに腐敗したかを「作法」ということについてみてみよう。かれはそれについて次のようにいっている。

「人工的なものがわれわれの礼儀を陶冶《とうや》し、われわれの情念にわざとらしいことばで話すように教えなかった時代には、われわれの風俗は田舎《いなか》風であったが、自然なものであった。そして態度の相違が一見して性格の相違を告げていた。……

より鋭い研究と、より繊細な趣味とが人に気にいられる術を原理にしている今日においては、われわれの風俗の中には無価値で人をあやまらせる一様性が支配し、すべての精神は同じ型の中に投げ込まれたような感じがする。絶えず礼儀が要求し、作法が命令する。また、人々は絶えず習俗に従い、けっしてその固有の才能に従わない。人は、もはや、あえてそれがあるところのものらしくはしない。この永遠の束縛の中で社会と呼ぶ群を形成している人間は、同じ環境の中におかれると、もし、もっと強い動機が人間を転向させないなら同じことをするであろう。」

「学問芸術論」受賞メダル

このことばの中には、ルソーの文明に対する鋭い批判がみられる。たしかに、礼儀作法はわれわれの社会生活をより快適にする一種の潤滑油である。しかしルソーによれば、それは人間の本質を見失わせ、人間を疎外させるものであり、社会的な連帯をかえってゆるめてしまっているものである。したがって、そのようなところには誠実な友情でさえももはや存在しないとルソーはいう。そして、このようなことが事実であり、また、それが事実であるかぎりにおいて一つの結果であるとすれば、その原因は学問芸術のより完全な進歩の中にあるとルソーは考える。そして、さらにそれは今日だけの現象ではなく、若干の賢人の抵抗を除いて、歴史の上にいわば天体の運行以上に規律正しくあらわれたものであるとルソーは考える。

このようにみれば、学問芸術と徳というものとは互いに相容れないもののようにみえる。しかし、果たしてそうなのであろうか。また、誠実ということは、いったい「無知」の娘なのであろうか。ルソーは、この問題を学問芸術の起源を探求することによって解こうとする。

学問と芸術は悪徳から生まれる

ルソーによれば、星学が迷信から生まれ、幾何学が吝嗇《りんしょく》から生まれたように、学問は人間の悪徳から生まれたという。そして、こうしたことは芸術についてもいえるとする。なぜならば、もし、それらが徳から生まれているなら、それらはわれわれを腐敗させなかったであろうからである。このように学問や芸術はその起源において欠陥をもっているが、それはその目的をみてもわかるとルソーは考える。こうしてルソーは、「芸術はそれを養う奢侈《しゃし》なしにはありえないし、また、法学は不正なしには何の役にもたたない。さらに、暴君や戦争や陰謀家なしには歴史は成立しない。」という。

以上のようにその目的において空しい学問や芸術は、要するに時間の浪費をもたらすだけであるとルソーはいう。これはルソーによれば、社会が被る最初の害であるが、それは閑暇に過ごすことによって善を行なわないことでもある。ルソーはこうして、学者、とくに、いわゆる文士が有益なものをわれわれに与えるということに対して、疑問をさしはさんで次のようにいう。

「かれらは、祖国や宗教という古いことばを軽蔑《けいべつ》するように笑い、人間の中の神聖なもののすべてを破壊し、卑しむべきものにするためにかれらの才と哲学とをささげている。」

このようにルソーは学者や文士は社会に害をなすことしかしないと考える。

腐敗をもたらすもの

ルソーによれば、一大害悪である時間の浪費と虚栄から生まれる奢侈はまれには学問と芸術なしに存在するが、しかし、けっして奢侈なしには学問、とくに芸術は成り立たないものである。このかぎりにおいて、学問と芸術は社会にむしろ害を与えるものであり、また、それは美徳とは相容れないものである。ルソーは奢侈は富んでいることの証拠であるが、金のことしか問題にならなくなってしまっているような時代においては、富だけを追求しようとすれば徳が軽視されてしまうという。したがって、政治家たちは人間をただ家畜のように評価し、そして、人間は国家においてそれがなす消費にしか値しないと考える。そこでは、徳がまったく無視されており、人間を評価するための真の規準が失われている。こうして奢侈は風俗を腐敗させるという。

以上のような奢侈に由来する風俗の腐敗は、次には趣味の堕落を結果するという。さらに、ルソーは生活がより便利になり、芸術が完成し、また、奢侈がひろがってゆく間に、真の勇気が弱まってきたという。それをルソーは、ギリシアやローマなどの歴史的事実から説明するが、また、このことは、学問の発達によってもいえることであるとしている。そして、ルソーは、学問の研究が戦闘的なことに有害であるなら、それは、それ以上に道徳的なことにも有害であるという。なぜならば、子どもの時期からの、学問のばかげた教育がわれわれの精神を飾り、われわれの判断を腐敗させるからなのである。こうして教育を受けた子どもは、たとえば誤謬《ごびゅう》と真理を区別することができなくても、特殊な議論によって他人をしてそれらを見分けることができないようにする術をもっているという。しかし、かれらには雅量・公平・節制・人情・勇気ということばの真の意味がわからないという。こうしてルソーは、才能と徳との矛盾をあからさまにする。では、いったい、こうした矛盾の根本はどこにあるのであろうか。

学問研究は不必要か

ルソーは、それは、才能の差別と徳の堕落によって人間に導入された有害な不平等にあるとする。ここに、後にみる「不平等」の考えがあらわれているが、ルソーは、もはや人々は、人間が誠実であるかどうかを問わないで、徳を軽視し、ただ才能があるかいなかだけを問うという。こうした不平等をもたらす学問芸術の研究からは、価値の転倒が行なわれ、徳は問題とされなくなる。したがって、このようなところには、物理学者・幾何学者・化学者・天文学者・詩人・音楽家がいても、徳をもった市民はいないとルソーはいう。そして、市民が残っているとしても、田舎の中に捨てられて散りになっており、そこでは、かれらは非常に貧しく、そして軽蔑されて死んでいくといっている。では、このような状態をいかにして打破すべきであろうか。

ルソーは、けっして学問・芸術を破棄することによってその解決をはかろうとしてはいない。むしろ、それを必要とさえ考える。すなわち、学問・芸術の研究はあるかぎられた人だけに許すべきであるとする。たとえばそのような人は、とくにベーコンやデカルトやニュートンがそうであったように、自らの教師を必要としないような人であり、自らの力でそれら巨匠のあとをたどることができる力とそれを追い越す力とを自覚しているような人なのである。そして、ルソーはこのような少数の人々こそ、人間精神の栄誉の記念碑をたてるにふさわしいとする。しかも、このような人は、王や政治家の顧問であるべきであり、こうして徳と理性と権力が協力すれば、人間の幸福がそこに生まれるとルソーは考えている。したがってかれは、学問・芸術を一方的に否定しているのではない。ルソーは「学問芸術論」を書いたのは、「美徳を有徳の人の前で擁護」するためであり、「学問を虐待する」ためではないといっている。要するに、かれは、美徳が人間を風俗の腐敗から救うと考えたのである。こうしてルソーは、学問や芸術よりも徳を強調するが、ルソーにおいて有徳になるということは、自然な人間への道であり、幸福への道なのである。この考えは「エミール」において、さらに展開されるが、この「学問芸術論」は文明批評をかりた一種の政治批判でもある。

人間の間の不平等はいかにして生まれるか

「人間不平等起源論」の成立についてはすでにみたように、一七五二年の「ナルシス」の序文の考えを発展させたものであった。この序文はルソーの立場をより政治的にしたという点で重要であるが、この中で、はじめてルソーは政治的悪と不正を明確に述べている。かれは次のようにいっている。

政治への関心

「奇妙で、不幸をもたらす政体、そこでは、蓄積された富が常により大なる富を蓄積する手段を容易にする。そこでは、何ももたないものには何かを得ることが不可能である。そこでは、善人は悲惨から脱するいかなる手段ももっていない。そこでは、最大のペテン師がもっとも名誉あるものである。そして、また、そこでは、正直な人間になるためには必然的に徳を放棄しなければならない。わたくしは、美辞麗句屋さんがそれを百回もいったのを知っている。しかし、かれらはことばを飾っていったが、わたくしは根拠に従ってそのことをいう。すなわち、かれらは悪を認めたが、わたくしはその原因を発見する。そして、わたくしは、すべてのこれらの悪徳は、悪く治められた人間に属しているほどには、人間には属さないことを示して、非常に慰めになる非常に有益なことをとくにみせたい。」

こうしてルソーは、さまざまな害悪は政治や社会の悪の中にあることを明らかにしたのである。また、ここには、原罪に対する人間本性の擁護がみられる。このような考えは、一七五三年のディジョンのアカデミーの懸賞論文に応募することによって書かれた「人間不平等起源論」や「政治経済論」(一七五五)において、さらに発展された。

未開人の特徴

まず、ルソーは不平等の起源を探るために自然の手からでた姿のままの平等で幸福な人間を仮定して考察する。そして、人間から超自然的な賜物や人工的な能力をとり去るとそこに残るのは動物であるとする。しかし、それは「ある動物よりも弱く、また、他の動物より敏捷《びんしょう》ではないが、結局は、あらゆるものの中でもっとも有利に組織されている」ものである。したがって、それはきわめて簡単にその欲求を満たすことができる。すなわち、「一本の柏《かしわ》の木の下でたらふく食べ、小川をみつけるとすぐにのどをうるおし、その柏の木の下に寝る」というまったく感覚的なものである。そして、かれらには、自然があたかもスパルタの法律のように働き、体の強いものだけが生き残る。このような未開人はすべてにおいて本質的

「人間不平等起源論」

な観点からすれば動物であり、それが目ざすものは自己保存である。そして、この状態における未開人の真の敵は病気であるという。

以上のような未開人は、しかしながら、動物とはまったく異なるものをもっている。動物においては、ただ自然が支配してその行動を決めるのに反して、未開人は自由意志をもっている。また、人間は自由意志をもつことによって、その自由の意識をもつことができる。ルソーは、ここにあらわれるのが動物にはない魂の精神性であるとしている。さらに、人間と動物とを区別するものは、自分を完成する能力を人間がもっているということである。そして、この能力は、逆にわれわれを不幸にするものでもある。しかし、未開な状態ではこうした属性は単に可能性に留《とど》まっている。このようにしてルソーは、未開人は自然の状態の中で生きるために必要なすべてのものをただ本能の中にもっていたとしている。

さらに、ルソーは、自然状態においては人間は善人でも悪人でもないという。というのは、自然状態においては、人間はなんらの道徳的関係ももたず、また共通の義務ももっていないからである。しかし、ルソーは、未開人に自己保存の衝動と憐《あわ》れみの感情の二つを仮定する。これらは、社会状態における道徳の基礎をなすものであるが、とくに後者はホッブスもまったく認めなかった原理であるとルソーはいう。それは自然感情であり、各人において自己愛からの活動をやわらげて、あらゆる種類の相互の保存に協力するものであり、社会状態における法律や習俗や徳の代わりをなすものである。こうして、ルソーは未開人を次のようなものと結論する。

「森の中をさまよい、産業もなく、ことばもなく、住む場所もなく、戦争も同盟もなく、仲間を必要とせず、そして、仲間をなんら害そうという欲望もなく、おそらくは、仲間を個別的に認める能力もなく、未開人はごくわずかな感情に従い、自らに満足し、この状態に適した感情と理性の光しかもっていなかった。」

したがって、自然状態においては、不平等はほとんどなく、平和で幸福であったとルソーは考える。

不平等はいかにして発生するか

ルソーは、不平等を年齢や健康や体力の差異、および精神や魂の差異から成り立っている自然的・肉体的不平等と、一種の約束によっている道徳的もしくは政治的不平等とに分けている。ルソーがここで問題とするものは後者である。なぜならば、前者の不平等の源泉は自然であって、それ以上問うことはできないからである。では後者の不平等はいかにして生じたのであろうか。ルソーは、それは「われわれの能力の発展と人間の精神の進歩から」生まれ、ついに「所有権と法律の制定によって確固となり、正当となった」としている。すなわち、自然状態において、やがて、人間は生きるために自然と闘争しなければならないことを学び、それによって人間精神に種々な関係をあらわす観念が生まれたという。これが人間の精神発達の第一歩であるとルソーが仮定したものであるが、それがまた、やがて人間同士の間で互いに利益になるためのよりよい行為の規則を守ることを覚えさせていったとする。こうして、ルソーは人間の精神が啓発されるにつれて産業も改良されたとするが、ルソーによれば、それが家をつくることを可能にし、そこに家族が生まれたという。しかも、こうした結合から最初の心情の発達が生まれたという。ここにおいて注意しなければならないことは、ルソーがこの家族に私有財産の発生をみていることである。そして、これは政治社会がやがて生まれる源となるものとルソーが考えたものである。こうして人間に社会が生まれ、その精神と心情が発達するにつれて、人間は徐々に価値評価をするようになってゆく。それは、たとえば人間の集まりの中で、もっともよく歌ったり、もっともよく踊ったりする人が尊敬されることに価値を見いだすことから始まるという。ルソーによればここに自尊心が生まれたという。そして、ルソーは、これこそが不平等の第一歩であり、また、悪徳の始まりであると考えている。しかも、これから、一方では虚栄と軽蔑が、また他方では不名誉と羨《せん》望とが生まれたという。しかし、多くの他人の手を借りない技術に生きていた状態では人間はまだ自由であり、幸福であったとルソーはいう。そして、真の私有を生み、不平等を生んだのは労働において他人の手を借りねばならなくなってからであり、そして、さらにそれに拍車をかけたのは、冶《や》金と農業の発達であったとルソーはいう。これが私有の観念をさらに発達させ、分業を生んだのである。こうして人間の価値は、単に財によってはかられるだけでなく、その特殊な才能・長所などによってもはかられるようになり、したがって、人は尊敬されるためには、真にそれにふさわしいか、あるいはそれにふさわしいようにみせねばならなくなる。ここからいかめしいみせびらかしと、人をだます策略とが生まれ、それにともなっていっさいの悪が生まれてきたとルソーは考える。

不平等がもたらしたもの

さて、ルソーによれば、人間の最初の私有から起こるものは競争と対抗であり、利益の対立であり、また、他人を犠牲にして利益を得たいというかくされた欲望である。こうしてルソーは、人間は貪《どん》欲的になり、野心的になり、また邪悪なものになったのであるという。また、ここに戦争状態が生まれたという。

こうした戦争状態を緩和し、制御することは、ルソーにとっては政治の問題である。かれによれば、元来、財産というものは正当に得られたものではない。そして、その財産を戦争状態の中で守るために富者が考えたことは、なんらかの結社（国家）をつくることであった。こうして、富者は次のように呼びかけたという。「われわれの力をわれわれの利益に反するものに向けないで、われわれを賢明な法に従って統治し、結社の全成員を守り、共通の敵を撃退し、われわれを永遠に一致させる最高の権力に統一しよう。」と。

ルソーは、ここに社会と法律の起源を求めるが、しかし、かれによればこれらが自然の自由を永久に破壊し、そして私有と不平等の法を永久に確定したという。そして、何人かの野心家の利益のために、それ以後全人類は労働と隷属と悲惨とに服従させられるようになったとルソーは考える。

こうして、政府が生まれるとされるのであるが、ルソーは、あくまでも政府は、専横な権力から生まれたのではなく、財をもたないものが、富者にだまされて契約を結んだことによるとしている。しかし、この契約には富者の利己心が支配しており、それは真の契約ではない。そして、こうして生まれた政府は、それが君主制であれ、貴族制であれ、民主制であれ、その為政者はすべて選挙されたとルソーはいう。為政者に富が問題でなくなり、才能や年齢や落ち着きなどが重要視されてくると、選挙は面倒になり、為政者の世襲化が生まれるようになる。こうして、ルソーは、政治上の不平等を、まず、富者と貧者の区別を、次に強者と弱者の区別を、そして、さらに主人と奴隷の区別を生んだということによってあとづけている。そして、ルソーは、この第三番目の状態は、政府がもし完全に解体されなかったり、合法的な基礎の上に再建されないなら、ずっと続くものと考えている。この最後の段階においては、専制政治が共和国の廃虚の上に確立される怪物としてあらわれるという。そして、ルソーによれば、ここでは、「人民は首長も法律ももたず、ただもつのは、僭主だけである。そして、このとき以来、風俗や徳は問題でなくなるであろう。なぜならば、道徳になんの希望ももてない専制政治が支配するところでは、専制は他のいかなる主人も許さない」からである。そして、「かれが話すやいなや、諮《はか》るべき誠実も義務もなくなり、きわめて盲目的な服従が奴隷に残されている唯一の徳となる。」という。そして、ルソーは、これが不平等の最終項であるとしている。しかも、ここではすべての人は、ふたたび平等になるという。なぜならばかれらは何ものでもなく、臣民は主人の意志以外に他の法をもたず、また、主人はその情念以外には他の規則をもたず、善の観念と正義の原理はふたたび消え失せているからである。したがって、ここでは、すべては、もっとも強いものの法だけに帰着する。そして、ここに一つの新しい自然状態が生まれることになる。しかし、ルソーによればそれは度をすぎた腐敗からきているのであって純粋の自然状態ではなく、ルソーが最初に仮定した自然状態と異なるものである。以上のようにルソーは、不平等は人間の能力の発展と人間の精神の進歩によってその力を得、また広がり、ついには財産の確立と法の制定によって確固たるものになり、合法的なものとなったことをみている。

このように、不平等が如何にして生まれたかを明らかにすることによって、次に問題となることは不平等のない状態を実現し、真に人間らしく生きることができるようになるにはどうしたらよいかということである。しかしこれは、原始的な自然状態に戻ることによって達成されるものではないであろう。ルソーは、その解決を「社会契約論」において試みており、そこでは同じ条件のもとで同じ権利を享受できる平等が追求されている。しかし、ここでは、その前にルソーの教育論をみてみよう。

ルソーの教育思想

ルソーの教育思想はその社会思想と密接な関係をもっている。この両者は、ルソーにおいては、幸福な人間の生活の探究のための両側面をなしているといえる。また、「社会契約論」は「エミール」と同じ年に、それより数週間早く出版されたが、すでにみたように、それらは「新エロイーズ」を含めてかれの創造のエネルギーが同時に打ち寄せてきた結果生まれたものであり、同時点で問題とすべきものである。

ところで、ルソーの教育思想は「エミール」においておもに述べられているが、かれは一七四〇年に、すでに「サント＝マリの教育のための企画」において、その考えを述べている。そして「エミール」が書かれたのはその二十年後であるが、教育についてのかれの考えは、「新エロイーズ」においても、また「ポーランド統治論」や「政治経済論」などにおいてもあらわれている。こうしてみても、教育の問題にルソーがいかに大きな関心をもっていたかがわ

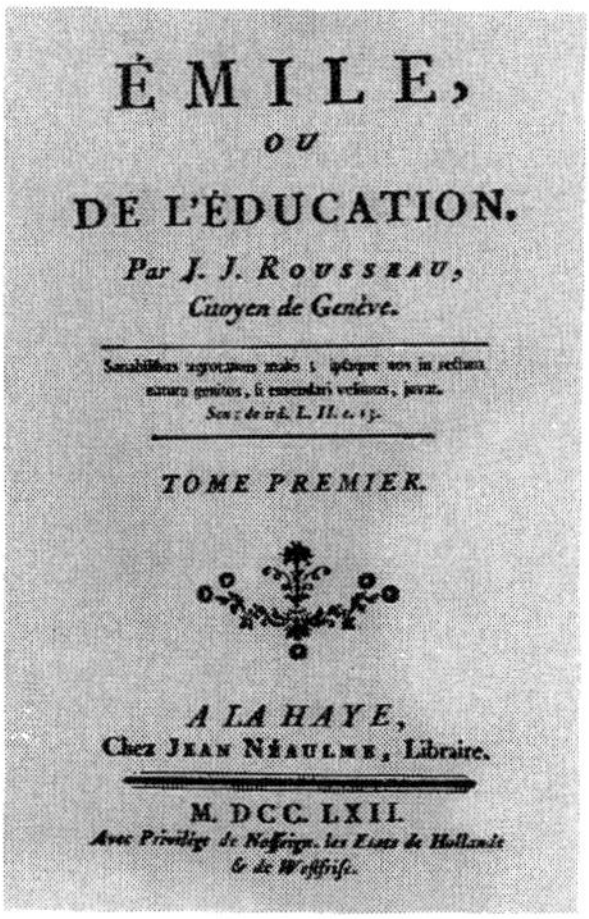

「エミール」

かるであろう。当時は教育制度がととのっていなかった時代であったので、公教育についてあまり考えないなど、今日からみて無理な点もあるが、その根本の精神は今日でも通用しうるものであろう。この「エミール」はある部分は小説風に、また、他の部分は教科書風に主人公エミールの教育について書かれている。そして、第五編では、その未来の妻「ソフィー」の教育が書かれている。以下においては、「エミール」を中心としてルソーの教育思想をたどってみることにする。

自然人の形成

教育の目的

ルソーは「エミール」の序文の中で、「人間形成の術」ということばを使って、それがロックの「児童教育の考察」(一七二一年仏訳)以来、なおざりにされているといっている。ルソーは、人間の形成、すなわち人間を人間たらしめるものが教育であると考えているが、かれは、このことを「人間は教育によって形成陶冶《とうや》される」といっている。

ところで、人間を人間たらしめるものが教育であるというとき、そこには、教育によって人間とされるための素材としての人間と、人間として形成された人間の二つの概念があるが、ルソーにおいては、人間を形成するということは、一定の職業人をつくることを意味しているのではない。このことは次のルソーのことばをみてもわかるであろう。

「自然の秩序においては、人間はまったく平等であり、その共通の天職は人間であるということである。そして、よく人間として教育された人ならばだれでも、それに関するものをりっぱに果たすことができる。人がわたくしの生徒を軍人にしようが、聖職者にしようが、また、弁護士にしようが、そのことはわたくしには問題でない。両親の職業をつぐ前に、自然は生徒を人間的な生活に招く。生きるということがわたくしの生徒に学んでもらいたいと思う職業である。わたくしの手から離れるとき、かれは法律家でも、軍人でも、牧師でもないであろうことをわたくしは認める。かれは、まず人間であるだろう。」

こうして、ルソーは、教育はまず人間を人間たらしめることをその目的とするものであると考える。

人間の自然

では、いったい、ルソーが教育によってつくろうとする人間とは具体的にはどのような人間をいうのであろうか。それは、一言でいえば自然の人間である。ところでルソーにおいては、自然ということばは原始的状態という意味での自然史的自然概念としても、また、人間が多くの人為によってつくった堕落に対して、直接神に由来する素朴と調和を意味する神学的自然概念としても使用されることがある。さらに、自然は心理学的な概念で使われることもあり、決して一様でない。そして、ルソーが人間が生来もっている幸福もしくは完全に向かう傾向を自然というとき、それは心理学的なものということができよう。これについて、かれは次のようにいっている。

「われわれは感性を備えて生まれている。そして誕生以来、われわれは、われわれを取り囲んでいるものによってさまざまな仕方で刺激されている。いわば、感覚についての意識をもつやいなや、われわれはそれを生む対象を求めたり、避けたりする傾向をもつ。最初はそれらが快適であるか、不快であるかによって、次いでわれわれと対象との間で発見する適合・不適合によって、そして最後には、理性がわれわれに与える幸福あるいは完全の観念を対象とする判断によってである。このような傾向は、われわれがより感覚的になり、また、より知識や経験が豊かになるにつれてひろがり、強まる。しかし、われわれの習性によって束縛されるので、それらは、われわれの意見によって多少変わる。このような変化の前には、それらは、わたくしがわれわれのうちにある自然と呼ぶものである。」

このようにしてみれば、ルソーのいう人間の自然とは、究極的には、理性による幸福や完全を求める傾向であることがわかる。ルソーによれば、人間は生来幸福を求める存在であり、したがって、われわれにおいては、幸福であるということは自然であることになるであろう。

幸福

では、幸福とはどのようなことであろうか。ルソーによれば「もっとも幸福な人は、苦痛を受けることがもっとも少ない人である。もっとも不幸な人とは、もっとも喜びを感じることの少ない人である。」しかも、ルソーによれば、苦痛の感情および快楽の観念はそれぞれ欲望と切り離して考えることはできない。これについてルソーは次のようにいっている。

「いっさいの苦痛の感情はそれを免れたいという欲望から切り離すことはできない。また、いっさいの快楽の観念はそれを楽しみたいという欲望と切り離すことはできない。いっさいの欲望は窮乏を予想している。そして、われわれが感じるいっさいの窮乏は苦しいものである。それゆえ、われわれの不幸は、われわれの欲望と能力の不均衡に存する。その能力と欲望とが同じである存在は絶対的に幸福である存在であろう。」

このように考えて、ルソーは真の幸福にいたる道は、「能力を越えるよけいな欲望を減ずることであり、また、能力と意志とを完全な平等のうちにおくことである。」としている。

自由の人―人間―

したがって、人間が幸福であるためには、自らのうちにその存在をとじこめておかねばならない。また、自然が一連の存在の中であてがった場所にいなければならない。そして、きびしい必然の法則に反抗してはならない。この法則に反抗しようとして天の与えた力を浪費してはいけない。それは、天が気に入るだけ、また、天が気に入っている間、われわれの生命を延ばすために天が与えたものだからである。われわれの自由や力は、われわれの自然の力の範囲にしかひろがりをもたない。したがって、われわれは自分でできることだけを望むのでなければならないとルソーはいう。そして、このような人が真に自由な人である。ここには能力と欲望との均衡がある。したがって、自由な人とは幸福な人であり、自然の人である。これがルソーの求める人間である。そして、それは相対的な存在でなく、あくまでも一個の独立した存在である。ルソーの教育思想は、人間を以上のようにみることから出発する。

社会の中の自然人

しかし、人間は同時に社会的な動物である。われわれは社会において生きるように運命づけられている。したがって、人間を人間にする教育が自然の人を、そして自由の人をつくることを目的とするというとき、それは社会の中での自然人の形成を意味している。

ルソー自身、われわれは生まれおちると社会の中で生活しなければならないことを認めている。われわれがわれわれの環境との最初の関係をもつようになるのは、産《うぶ》声によってであり、そこに社会秩序が形成される長い鎖《くさり》の最初の環《わ》ができる。したがって、われわれは、社会からまったく孤立し、閉ざされて生活することはできない。こうしてみれば、ルソーのいう自然人は、けっして原野をさまよう人間を意味するのではなく、社会の中での自然人を意味している。すなわち、それは社会の渦中にあって、しかも情念と臆見とによって社会に束縛されない人間のことであり、また、自らの目で物を見、自らの感情で感じ、自らの理性のみを真に権威あるものと認めるような人間である。こうした自然人の強調は、自我への復帰のそれであろう。教育が目的とするものは、ルソーにおいては以上のような人間の形成である。

消極教育

自然をゆがめない教育

ルソーは「エミール」の冒頭で「すべては、創造主の手を離れるときは善であり、すべては人間の手の中で悪くなる。」といい、さらに「人間は何ものも自然が造ったままにしておこうとしない。人間でさえもそのままにしておこうとしない。……しかも、先見・権威・必然・模範、およびその中にわれわれが埋没しているすべての社会制度がわれわれの中の自然を抑圧してしまっている。」といっている。このようなことばにみられるように、ルソーは人間を本来善なるものと考えている。そして、それを悪くするものは人為的なものであるとしている。

このようなことを前提として教育を考えるとき、そこでは当然、人間の善性をなんらゆがめることなく伸ばすことが考慮されねばならない。ここに消極教育の必要性が生じてくる。ルソーの消極教育は、ルソーが子どものもつ自由性と活動性とを重要視するということから生まれている。もし、それらを無視した単なる詰め込み教育をするならば、ルソーが理想とした自由な人、自然人は形成されないであろう。したがって、教育はただ生来の善性を歪《ゆが》めないように保護するべきであるという。しかし、このことは、けっして教育が不必要であり、有害であるということを意味しているのではない。

メダル「自然の友ルソー」（1761年）

早期教育の否定

以上のことは、ルソーにおいては、まず教育は、その適切な時期に従わねばならないという考えになってあらわれる。「エミール」第二部でルソーは、あらゆる教育の中でもっとも偉大で、もっとも重要で、しかも、もっとも有用な規則をあげている。それは「時間を稼がないで、時間を失うこと」であるとしている。これは、いったいどのようなことを意味するのであろうか。

ルソーによれば、子どもは乳呑児《ちのみご》からすぐに理性をもった大人《おとな》になるのではない。もしそうであるなら、時間をかけずに、すぐその精神をつくればよいであろう。しかし、子どもはそのようにすぐに大人にはならない。ルソーは、十二歳までは、人間にはまだ理性がなく、この時期は人生においてきわめて重要な時期であるので、自然の発展に従って教育は行なわれなければならないと考える。これについてルソーは次のようにいっている。

「すべての精神の機能を魂がもつようになるまで、子どもは魂を使ってはいけない。なぜならば、子どもの魂が盲目である間は、あなたが子どもに示す松明《たいまつ》も子どもは認めることができないからであり、また、よりよい目に対しても、なお、非常にわずかしか理性は示さず、したがってよくわからない道を、観念の広大な平原の中で、子どもの魂がたどって行くことは不可能であるからである。」

このことばによってもわかるように、子どもにあまり早いうちからそれにふさわしくない知識や観念を与えることは避けねばならない。このような教育によっては、教育の本来の目的を達成することはできず、かえって、ますますそれから遠ざかることになる。こうして、ルソーは次のようにいう。

「最初の教育は純粋に消極的でなければならない。それは、道徳や真理を教えることにはなくて、心を悪徳から、また、精神を不品行から守るということにある。もしあなたが何もしないでいられるなら、そしてまた、あなたがあなたの生徒を十二歳まで左手も右手も区別できないようにしておき、健康で頑強にすることができれば、あなたの最初の教訓から、生徒の悟性の目は理性へと開かれるであろう。偏見も習性もなく、生徒はあなたの世話の効果を妨害するようなものはその心の中に何ももたないであろう。そして、生徒はあなたの手の中で、もっとも賢い人間となるであろう。そして、何もしないことから始めることによって、あなたは、教育の驚嘆すべきことをしたことになる。」

これがルソーのいう消極教育である。

時間を犠牲にせよ

したがって、ルソーは子どもをしかったり、折檻《せっかん》したり、これに諂《へつら》ったり、威《おど》したりして知識をつけようとしてはいけないという。また、子どもが嫌いなことを認めさせようとして道徳をきかせてもいけないという。というのも、いつもいやなことを道理や理屈をいってさせていると、子どもはそれらをわずらわしいものと感じ、さらにそれらを理解しないうちから、はやくも信じなくなってしまうからである。こうしたことがきわめて危険であることは当然のことであるが、このようなことを避けるためにはルソーは時間をむだにする必要性を説く。要するに、子どもの身体は子どもの時期に十分働かせ、丈夫にする必要があるが、精神の方は、働かせないで遊ばせる必要があるとルソーはいう。したがって、われわれは子どもを自由にし、放任しておかねばならない。この自由にされ、放任された時間をむだと考えてはならない。これに関してルソーは次のようにいっている。

「何も失うまいと欲して多くを失う守銭奴のようなことをしてはならない。最初のうちに時間を犠牲にしなさい。そうすれば、それを、あなたは、後になってから高い利子とともにふたたび得ることになるであろう。」

こうして、子ども時代には、のびのびとその時代を楽しませるがよいとルソーはいう。子どもには何も教えないことによって、真の教育が行なわれるという逆説に消極教育の本質がある。

子ども尊重の教育

子どもは大人《おとな》ではない　以上のような考え方は、ルソーが子どもの自発性、もしくはその自由を重んじていることに基づいている。このような考え方は、子どもそのものを尊重する考え方でもある。すなわちルソーは、子どもが子どもであるうちは、子どもを子どもとして扱わねばならないとする。ルソーによれば、「自然は、子どもが大人になる前には、子どもが子どもであることを欲する。」という。さらに「もしも、この秩序を乱せば、われわれは若い博士や老いた子どもをもつ。」という。

このような考えは、今日の大人たちの子どもに対する教育的関心への一つの警告にもなるであろう。大人は、子どもの中に、すぐに大人を求めがちである。そして、子どもというものが、大人になる以前に、いったいなんであるかを少しも考えない。われわれは、子どもを大人とは異なったものとして扱わねばならないのである。このことに関して、ルソーは次のようにいっている。

「人類は、事物の秩序の中にその位置をもっている。子どもは、人間生活の秩序の中にその位置をもっている。大人は大人において重んじられなければならないし、子どもは子どもにおいて重んじられなければならない。各人にその位置をあてがい、そこに定着し、人間の素質に従って、その情念の処置をすることは、人間の幸福のためになすことのできるいっさいである。」

成童

もし、子どもを子どもとして重んじなければ、子どもは人間として成長しないであろう。子どもには、子どもとしての固有の特性がなければならない。すなわち、その感じ方、物の見方において、子どもはそれ独自のものをもっている。それをまったく理解せず、無視しがちなのが大人なのである。ルソーにおいては、成人ということばが大人に適用されるべきとすれば、成童ということばが子どもには適用されねばならないとされる。ルソーがこのように考えたのは、かれが子どもそのものを一つの目的と考え、子どもを子どもの中で成熟させることがたいせつであると考えたからである。ここには、子どもそのものの絶対性がみられるわけであるが、かれは、子どもをこのように考えることによって、子ども時代をけっして不確実な未来のために犠牲にしてはならないとしている。ルソーは次のようにいっている。

「現在を不確実な未来のために犠牲にし、あらゆる種類の束縛で子どもをしばり、けっして子どもが享楽することができないと考えられる幸福を遠いところで準備するために、まず、子ども時代を不幸にすることから始めるような野蛮な教育をするということは、いったいどう考えるべきことなのであろうか。もし、この教育がその目的において合理的であるとしても、耐えがたい軛《くびき》にしたがわせられ、また、将来有用であるかどうかもわからないのに、漕役刑囚のようなたえざる労役を課せられているあわれむべき不幸な子どもを、だれが憤慨しないでみるであろうか。こうして、楽しかるべき時代は涙と折檻《せっかん》と威嚇《いかく》と隷属の中で過ぎてゆく。」

このようにルソーは、われわれは、子どもを子どものもつ自然に従って、教育しなければならないことを強調する。

以上において、ルソーの教育思想のもっとも根本的な考えをみてきたが、次に「エミール」において説かれた重要なものを簡単に順を追って考察しよう。

五歳以下の子どもの教育について

家庭教育

母親の役割

ルソーは母親による哺《ほ》育の重要性を主張している。ルソーは、「最初の教育はもっとも重要なものであり、それは明らかに女に属している。」といい、また、「もし、自然の創造者が教育が男のものであることを欲したなら、それは子どもを養うための乳を男に与えたであろう。」ともいっている。このことは、教育を意味するフランス語の éducation が古代には「乳を与えて育てる」というほどの意味をもっていたといわれることからもわかるとルソーはいう。こうしてルソーは、教育はわれわれが生まれるとともにはじまるかぎりにおいて、子どもの最初の教師はそれを産んだ母親でなければならないと考える。というのも、子どもを養育するのは母親の第一の義務であるからである。

不自然な哺育

このような母親の義務の重要さをルソーは、乳母《うば》による哺育《ほいく》と比べてみることによって明らかにしている。

金銭で雇われた乳母は、子どもに対する自然の愛情をもっていない。ただ乳母が心を配るのは、自分の仕事をいかに楽なものにするかということだけである。そのためには、乳母は子どもを自由にしておいてはいけない。自由にしておけば、いつでも子どもから目を離すことができないからである。したがって、自然、子どもをよく縛《しば》っておくことになり、また、子どもを隅においておけば、その泣き声にもわずらわされないですむということになる。さらに極端なことをいえば、授乳を怠ったという証拠さえなければ、また、乳児の手や足を折らなければ、死んでもかまわないし、弱くなってもかまわないということになる。さらに、乳母は子どもをうぶぎで小包のようにぐるぐる縛っておく。こうして、子どもは、うぶぎで窮屈なおもいをさせられて身体が丈夫に成長するのを妨《さまた》げられる。ルソーはこうした、うぶぎの弊害をいろいろあげ、それが子どもの身体の自由な成長をはばむとしている。

母親の愛撫をともなわない養育は、以上のような身体的な悪影響をこうむるだけでない。それは同時に、子どもの道徳教育の上にもよくない影響を及ぼし、そして、それは結果として子どもを親不孝なものにすることになる。ルソーによれば、乳母というものは、自分の子どもに飲ませるべき乳で他人の子どもを育てる

母親は自らの手で子どもを育てる

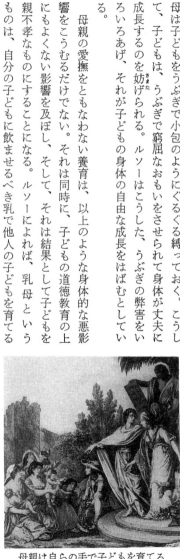

悪い母である。このような悪い母はよい乳母にはなることはできない。しかし、ときには習性が天性を変えて、それをよいものにすることもある。こうなると、不都合なことが結果されるようになる。それは、母親の権利が分割されるということであり、また、むしろ、それがおろそかにされるようになるということである。そして、真の母親がその子どもによって乳母よりも愛されないということになる。また、真の母親に対してその子どもがもつ愛情が単に恩であり、乳母に対してもつ愛情は義務となっていることを真の母親は感じるようになる。というのも、子どもが本当に世話を受けたものに真の愛情をもつのは自然であるからである。

このようになってくると、真の母親はその不都合をなおすために、乳母を子どもに軽蔑させるようにする。そして、乳母を召使いのように扱わせる。そして、その必要がなくなれば、子どもを引き取るか乳母に暇を出すということになろう。また、そのような母親は、乳母が子どもに会いにきても拒否するであろう。こうして何年かたてば子どもは乳母の顔もわからなくなる。しかし、ルソーは、このような残酷なことによって、自ら乳母の代わりになっていると思ったり、また、子どもをまったくかまわなかったことの埋め合わせをしていると思っているような母親は思い違いをしているという。肉親の愛情をもたない乳児からは、やさしい愛情のある子どもはできない。乳母を軽蔑することを教えた実母は、将来、自分を軽蔑することを教えているようなものであるとルソーはいっている。

愛情ある家庭教育

このように、ルソーは母親の子どもに対する義務の自然であるべきことを強調する。そして、これが行なわれなくなれば、すべての義務が行なわれなくなってしまうとさえ考える。こうして、ルソーは「もし、各人にその第一の義務を取り戻《もど》させたいなら、母親の義務から始めなさい。」という。このようにしてみれば、ルソーが、教育において、いかに母親による家庭教育を重要視していたかがわかるであろう。ルソーは、このことに関して次のようにいっている。

「母親がなければ、子どもがない。それらの間では義務は相互的である。もし、一方によってそれがよく果たされなければ、それは他方によってなおざりにされるであろう。子どもは母親に負っているものを知る前に、母親を愛すべきである。もし、血縁の声が習慣と注意によって強くされないならば、それは最初の数年のうちに消えてしまうであろう。そして、愛情はいわば生まれる前に死んでしまうのである。ここでは、われわれは最初から自然の外にいるのである。」

自然の愛情がかもしだされる家庭はよい家庭である。母親の義務の及ぼす影響は驚くほど大きい。もし、母親がその義務を怠れば、そこからいっさいの退廃が生じてくるし、また、いっさいの道徳的秩序は悪くなってくる。そして、自然的なものは、すべての人の心の中から消えてゆくであろう。こうして、家庭の内部には、生き生きとした空気がなくなってくる。もはや家庭が夫にも魅力がなくなる。その子どもをかえりみないような母親は尊敬されなくなる。家庭が住む所ではなくなってくる。そして、もはや習慣が血縁の結びつきを強めることはなくなり、そこでは、父も、母も、子どもも、兄弟も、姉妹もなくなってしまうのである。

すべては互いに知らない。各人はそれ自らのことしか考えない。このような家庭は冷たいものであろう。こうして、人は家庭以外のものに気晴らしを求めなければならないようになるであろうとルソーはいう。あたたかい自然の愛情に満ちた家庭にこそ、人間としての形成の第一歩がある。そして、その根本は、母親の愛情にあるとルソーは考える。したがって、母親がその子どもを真に愛情をもって自らの手で育てれば、風俗でさえも自然に改良されてくるという。なぜならば、ルソーによれば、それによって、自然の感情がすべての人の心に目覚めてくるからである。こうして、かれは家庭生活の意義を強調して次のようにいっている。

「家庭生活の魅力は悪い風俗のもっともよい解《げ》毒剤である。うるさいとおもっている子どもたちの騒ぎは快いものとなってくる。父と母は、互いに、より必要なものに、また、互いに親しいものとなってくる。その絆《きずな》はますます固くなってくる。家庭が生き生きと活気づいてくれば、家事に心を配ることは妻のもっとも貴重な仕事となってくるし、夫のもっとも楽しい慰めとなってくる。こうして、単にこの悪弊（家庭の冷たさ）がなおされるだけで、すぐに一般が改められる。また、自然は、そのすべての権利をとり戻すようになる。一度婦人がふたたび母となれば、男性はやがて父となり、夫となるのである。」

以上のことは、本来ルソーが自然の教育を重んじることに基づいているが、この自然から踏み出る道は他にもある。それは母親が子どもの世話をしすぎる場合である。ルソーは、子どもを必要以上にたいせつにしてはいけないと忠告する。それは母親の自然の愛情によるのではないからである。

家庭における父親の役割

このように家庭における母親の任務が重要視される一方、父親の任務も忘れられてはならないとされる。ルソーは、「真の乳母が母であると同様に、真の教師は父親である。」という。そして、もし子どもを自然に教育したいと欲するなら、「父親と母親はその方針でも、その職務でも一致しなければならない。子どもは、母親の手から父親の手にも渡されなければならない。」という。ルソーにとっては、世界でもっとも有能な教師によるよりは、知識で劣っていても、思慮ぶかい父親に育てられる方がよいのである。というのも、才能が熱心をおぎなうよりも、熱心が才能をよくおぎなうからである。こうした父親と母親とのよき協同によって真の子どもの教育はなされるべきであるとルソーはいう。

しかし、忙しいことを口実に、子どものことをかまわないのが世の父親の常である。ルソーによれば、父親は子どもをつくり、それを育てるとき、その任務の三分の一しかた果していないという。すなわち、父親は人類から人間を借りており、社会からは社会的人間を借りている。また、父親は国家から国民を借りている。したがって、父親たるものは、子どもを人間にし、社会人にし、国民にして返さなければならない責務をもつことになる。こうしてルソーは、その負債のすべてを返すことができるにもかかわらず、それを返さない父親は罪人であるとさえいう。いかに忙しくても、父親は自らの手で子どもを教育しなければならないのである。

このようにしてルソーは、父親と母親がそれぞれの職分に応じて協力すれば子どもをよく育てることができるとしている。しかし、それは、すでにみたように、あくまでも母親の自然の愛情が中心とならねばならないものである。そしてルソーは、次のように父親と母親とによる家庭教育の重要性を述べている。
「家庭生活の絵より好ましいものはない。しかし、一本の線が欠けても他のいっさいはだめになる。もし母親が乳母としてあまりにも不健康ならば、父親は教師であるためには、あまりにも忙しすぎるであろう。こうして親元から手ばなされて寄宿舎や修道院やコレージュにやられた子どもは父の家の愛を他の場所に持ってゆく。もっと正確にいえば、子どもたちは、そこに何ものにも愛着しない習慣を持ち帰る。兄弟や姉妹はほとんど互いに知らなくなる。……血族の間に親しみがなくなると、そしてまた、家庭の内部での交わりがもはや人生の楽しみでなくなると、それをおぎなうために悪習によらなければならなくなる。」

しつけの方針

子どもの自由を認めたしつけ

ルソーは、この時期の子どもをどうしたら自然のままに、自由に教育することができるかについて考え、そのための四つの格律をあげている。

第一の格律――「ありあまるどころか、子どもは、自然が要求するすべてに対する十分な力さえもっていない。それゆえに、子どもをしてその力――それは自然によって与えられ、それを子どもは濫《らん》用できない――のすべてを使うままにさせなければならない。」

第二の格律――「肉体的な欲求のすべてにおいて、たとえ知的なものであろうと体力的なものであろうと、それを満たすのにかれらに欠けているものを助け、おぎなってやらなければならない。」

第三の格律――「人が子どもに与える援助においては、ただ、実際に役だつものに限られなければならない。そしてその際には、なんら気紛《まぐ》れに従ってもならないし、わけのわからない欲望に従ってもいけない。なぜならば、気紛れは自然に属していないのであるから、それを子どもに起こさせさえしなければ、それは、少しも子どもを悩まさないからである。」

第四の格律――「注意して子どものことばや心の表示の身振りを研究しなければならない。それは、かれらのいつわることのできない年齢において、われわれが直接自然に由来するものと、そうでないものに由来するものとを子どもの欲望の中で区別するためである。」

ウドンによるルソーの胸像

以上の格律の目的は、ルソーによれば「子どもにより多くの真の自由を与え、そして、より少なく権力を与えるということにあり、また、かれら自身で物事をさせるようにし、他人をより少なく必要とさせるところにある。」という。すなわち、自然の創造主は子どもに力を与えたが、それを使うことによってあまり損害を招くようなことのないように少ししか与えていない。したがって、それは自由に使わせてよい。万一、子どもが物を破壊するとしても、それはけっして悪意があってするのではない。善悪の区別は理性によってなされるのであるが、この年齢の子どもにはまだ理性はない。子どもが物をこわすのは、子どもの活動力のあらわれであり、それがたまたま破壊という動作であらわれたにすぎない。子どもにとって造るもこわすも同じことであるとルソーはいう。このような人間の自然を大人の権力で制限するのはよくない。もし、打ったりしてそれを制限しようとすれば、子どもは怒りっぽくなったり、癇癪《かんしゃく》を起こしやすくなったりして、素直な人間にはならないであろう。

ところで、子どもは、最初、泣くことによって欲望の不満を表明する。子どもはその欲望を自分の力で満たすことができない。だからそれを助けてやらねばならない。しかし、子どもの泣き声は、往々にして大人に対する命令であり、また服従の要求であったりする。したがって、必要以上に子どもを助けてやると、子どもはいつでも自分の能力以上のものを他人の助けによって望むようになる。こうして子どもは権力的になる。このようなことはきびしく避けねばならない。このためには、子どもが要求しているものが真に必要なものであるかどうかを、すなわち、自然からでているものであるかどうかをよく見分けねばならない。こうして、幼いときからその欲望を能力に応じて満たし、それ以上のものは制限するという習慣さえつけてやれば、子どもは、その能力を越えているものが満たされなくとも苦しいとは少しも感じなくなり、自然にそったしつけができるとルソーは考える。子どもが我儘《わがまま》から泣くときはかまわずにほうっておいて、泣かせておけばよい。むしろ、この場合必要なのは、それに耐えられる大人の忍耐力である。子どもの我儘に打ち勝つことができれば、子どもは気が抜けて自然から以外には泣かなくなるとルソーはいう。

五歳から十二歳までの教育

感覚教育

懲罰は与えてはいけない

この時期の子どもは、感覚をもっていても、まだ理性をもっていない。それは、人間において最後にくるものである。したがって、この時期の教育は感覚の教育であって理性を使用させる教育であってはならない。このような理由から、口を使っての訓戒を子どもに与えることは意味がないとルソーは考える。子どもは、それを経験によって、すなわち、事物から受け取るべきである。また、ルソーは、子どもにはいかなる種類の懲罰も加えてはならないという。なぜならば、子どもはその為《な》したことがなぜ誤っているかがわからないからである。また、子どもにけっして謝罪を要求してはならないという。なぜならば、子どもには、なぜ大人が怒るのかわからないからである。たとえば、子どもが高価な家具を傷つけるようなことがある。しかし、そのとき子どもはそれを悪意でしたのではない。子どもにとって、それは悪いことではない。それは子どもの持つ生命力の発現でしかない。だから、子どもがこわしやすいものは子どもの手のとどかないところに置くようにしなければならない。理性をもたない子どもの行為の中にはなんらの真の道徳性もない。子どもはなんら道徳的な行為を為すことができない。したがって、子どもは罰や叱責《しっ》を受ける何ものももたないわけである。したがって、ここでは消極教育がなされねばならない。それは、子どもを悪徳や誤った精神から守るためのものである。そしてそれは、けっして道徳や真理を無理に教えるものではない。むしろ消極教育は、やがて理性による教育が始まるまでの十分な下地をつくるための教育を意味している。したがってそれは、理性が発達しないうちは、理性を使ってはいけないとするものである。そして、まず子どもを十分に放任しておいてどんな性格の芽も自由に芽生えることができるようにし、それによって、まずその子どもがどんな子どもであるかを十分に知らなければならない。その上で、その子どもにいかなる道徳的統制が必要かをみなければならないのである。

大人は子どもに模範

こうして子どもを教育していく上でわれわれが心にとめなければならないことは、「一人の人間をつくろうとする前に、自らが人間とならねばならない。」ということである。すなわち、まず大人が子どもの模範でなければならない。そのためには、ルソーは、大人がまず、すべての人に尊敬されるようにせよという。またそれには、すべての人から愛されるようにしなければならないという。こうして、ルソーは、「もし、大人がそれを取り囲んでいるすべての人の師でなければ、子どもの師とはなれないだろう。」という。しかも、大人のもつ権威は、「それが徳を尊敬するということに基づいていなければ、けっして十分ではない。」のである。これは、われわれが十分肝に銘じておかねばならないことである。

知的教育はいかにするか　ルソーは、子どもにあまり早くから読み書きの教育をすることに反対している。そして、それに関して次のように警告している。

「人間は、一般に、獲得するように促《うなが》され、せきたてられないことを非常に確実に、また、非常に早く獲得するものである。」

このような考えは、子どもの自主性を強調することから生じているとも考えられようが、むしろこれは、子どものもつ能力の発達段階に即応することを重視する考えから生じているといえよう。ルソーは、「記憶力と推理力とは、本質的に異なった二つの力であるとしても、それらはいっしょにしか真に発達しない。」といっている。すでに述べたように、この時期の子どもは、まだ理性が発達していない。したがって真の記憶力がないことになる。ただあるのは物についてのイメージだけである。すなわち、理性がまだない子どもにおいては、イメージは受け入れられるが、観念は受け入れられない。ここでイメージとは、心に映る感覚的事物についての単なる像を意味する。また、観念とは、諸関係によって決定された事物の知識を意味する。子どもは、まだこのような諸関係をみることができない。事物をみるとき、そのイメージだけしかもつことができないのであり、複雑な諸関係は捨象してしまうのである。このような意味で子どもは対象を単に見ることしかできない。したがって、真にそれを知ることができないわけであり、対象についての真の判断をもつことができないのである。こうしてみれば、子どもは真の記憶をもつことができないというべきであろう。要するに、ルソーによれば、この時期の子どものすべての知識は感覚の中にあり、それから出ず、理解にまでいたっているものは何もないのである。

したがって、以上のような子どもに、その能力を越える範囲のものを教えようとしても、それはまったく意味がないとルソーはいう。たとえば、歴史や地理学・外国語などを教えてもむだであるという。というのも、それらを学ぶには、観念が必要であるが、それは子どもの能力を越えており、また、それは自然の秩序に反するからである。このことに関してルソーは次のようにいっている。

「もし、自然が子どもの脳にあらゆる種類の印象を受けるのに適する柔軟性を与えたとすれば、それは、王様の名前や、日付けや紋章学や天文学や地理学の術語をそれに刻みつけるために与えたのではない。また、これらのことばはその年齢の子どもには意味がないし、どんな年齢になっても役にたたないものであるが、それで、子ども時代をむなしくし、味けないものにするためではない。そうでなくて、子どもが認識することができ、子どもに役にたついっさいの観念、また、子どもの幸福に関するいっさいの観念、およびいつかその義務についてきっと子どもを啓発するであろういっさいの観念が、早くから消すことのできない文字で子どもの脳に描かれるためであり、またその一生の間、その身分と能力にかなった方法で自らを導くのに役だつためなのである。」

このようにして、ルソーは、この時期の子どもには書物を与えない方がよいという。それは子どものもっとも不幸な道具なのである。しかも、ルソーは「読書は子どもの時代の禍」であるとまでいっている。しかし、ただ本を読むことができるようにしておくことは否定してはいない。それは、読書が子どもに有用になるときのために必要である。子どもにとっては読書は、それが必要でない間は、子どもを退屈にするだけのものである。

身体の訓練の必要性

これに反しルソーは、むしろこの段階では、子どもの身体の訓練の方が重要であるとして「子どもを賢くし、分別のあるものにするためには、子どもを頑健にせよ。」といっている。そして、その身体を鍛《きた》えるためには、子どもはいつも動いていなければならない。それによって丈夫になれば、また、子どもはその理性によって賢明な人間になるであろうとルソーは考える。このことは、ルソーが、子どもがその内からの生命力に従うことを重視していることを意味する。それは命令や監督によって押えられてはならないものである。内からの自然の要求によって自由に動きまわれば、精神も活発になり、敏捷《びんしょう》になる。したがって身体を動かし、鍛えることは、精神の発達にきわめてたいせつなことである。このような意味では、たえず子どもの安全に気をとられて、命令をし、子どもの自由な運動を阻止することはかえって危険なことである。こうしたことに慣らされた子どもは、たとえば空腹になっても命令されなければ食べないようになるし、また、おもしろくても笑わないようになってしまうであろうとルソーはいう。

こうして、ルソーは、ただその自然の方向におもむくままに子どもをしておき、身体をまず丈夫にすることが必要であるとする。そうすれば理性の発展が促進されるようになるという。このような身体を動かすことによる教育は子どもに力の使用法を教え、また、身体を取り囲んでいる物との諸関係を教える。そして、さらに、それは子どもの手の届く範囲にあり、その器官にふさわしい自然の道具の使用法も教える。子どもは、それを、その身体で、すなわちその感覚で知るのである。

こうした考えがいかに正しいかについて、ルソーは、われわれの最初の研究が自己保存に関する一種の実験物理学であるということから説明する。すなわち、人間の第一の自然の衝動は、人間を取り囲んでいるすべてによって自らを判断することであり、自らに関係するいっさいの感覚的性質が見いだされる対象の中で試みることである。これは、すべて自己保存のために必要なことである。したがってこのためには、われわれはまず、感覚によって学ばねばならないことになる。この意味で、ルソーは、まず足や手や目から学ばなければならないという。なぜならば、人間の理解の中にはいってくるすべてのものは、感覚を通してくるものであるからである。したがって、人間の最初の理性は感覚的な理性といわなければならないであろう。それから諸関係をみる理知的な理性は発達するのである。

感覚の訓練

以上からすれば、この時期の子どもにもっともたいせつな教育は、感覚のそれということになろう。たしかに子どもは理性においては大人には及ばない。しかし味や臭《にお》いの感覚においては、大人とほとんど同じである。というのも、感覚はわれわれの諸能力の中で、もっとも早く発達し、もっとも早く完成するものだからである。したがってここでは、もっぱら感覚を訓練しなければならないということになる。しかもそれは、すでに述べたように、やがて真に芽ばえる理性の教育のためである。こうしてルソーは、この段階の子どもの五感の教育をとおして「第六感」を得ることができるようになると考える。これは今日われわれが使う意味のものでなく、ルソーにおいては、特別な意味で使われている。ルソーはそれを「常識」とも呼んでいる。そしてそれは、感覚をよく調整して使うことから結果するものであり、またそれは、われわれに事物のすべての外観を結合することによって事物の本性を知らせるものである。すなわちそれは、特別な器官から由来するものではなく、むしろ観念と呼ぶべきものである。ルソーにおいては、感覚を訓練するのは、この観念を得るためであるが、これは次の段階の問題である。

十二歳から十五歳までの教育

理性の教育の時代

前節でみた時期が感覚教育の時代として特徴づけられるならば、この時期は理性の教育の時代もしくは知的教育の時代として特徴づけることができる。主として感覚によって心が働いていた時代には精神は受動的であった。なぜならば、精神はそれを取り巻く環境に依存していたからである。しかし、この時代においては理性が目覚め、精神は能動的となる。ルソーによれば理性の本性は能動的であるということにある。そしてルソーは、こうした能動的な力はこの時代に特徴的である体力の余剰から生まれるとしている。

理性の目覚め

さて、ルソーによれば、十二歳ないし十三歳では、子どもの体力は欲求より急速に発達するという。これは十五歳ごろまで続くというのであるが、ルソーは、人間はその欲求が体力を上まわるとき弱いという。なぜならば、われわれの欲求は、そのようなとき、自然が与える体力によっては満たされないからである。反対に、体力が欲求より強ければそのとき人間は強いという。ルソーは、この十二歳から十五歳の間がまさにこの状態の時期であるといっている。したがって、この時代はその体力が人生のうちで絶対的にもっとも強い時代ではないにしろ、相対的に体力のもっとも強い時代であるという。そして、この時代は生涯の中でもっとも重要な時代であり、しかも非常に短い。それだけにそれをよく使うことはたいせつなことである。

では、この年齢においてはあまってはいるが、他の年齢においては、不足するこうした体力をいかに使うべきであろうか。それはルソーによれば、必要が生じたときに自らを利することができるようなことに使われなければいけないという。すなわち、現在の余剰は未来のために貯蔵されなければならないという。ではいったいそれはどこに蓄えておくべきであろうか。それは自分自身の内部、すなわち自分の頭や手の中である。それゆえにこそ、この時代は教訓の時代であり、勉学の時代であり、また働く時代である。しかも、ここで注意しなければならないことは、それを指示したのは自然そのものであるということである。

ルソーはこうして知識の獲得のための教育、および勤労のための教育をこの時期にはとくに重視する。

知識の教育

ルソーにおいて知識の教育の原理となるものは、好奇心と知識の有用性である。まずルソーは、この時期の子どもの活動の原動力となるべきものは、正しく方向づけられた好奇心であるという。しかもルソーによれば、この好奇心の第一の原理は、幸福になりたいという生来の欲望とその欲望を完全に満足することができないということが、絶えずそれに役だつための新しい方法を探求させることにあるという。こうして、ルソーは、このような自然の好奇心によって求められる知識が、まずわれわれの求めるべき知識であるとする。

有用性に基づく知識

子どもに知識を与えるとき、その適切な時と同様にその内容も選択しなければならない。なぜならば、われわれの知識は限定されなければならないからである。われわれはすべてを知る必要はないとルソーはいう。そして、われわれが知らなければならないのはただ役にたつことだけなのである。

では、いったい、役にたつ知識とは具体的にどのようなものであろうか。それはルソーによれば、われわれの幸福に実際に貢献するものである。そして、それはわずかなものだという。そのような知識だけが賢者の探究に価するものであり、したがって、また、われわれが賢者にしようとしている子どもにふさわしい知識である。しかし、それを子どもに得させるためには、子どもに十分理解できるものに限らなければならない。そして、それはあくまでも子どもの自然に従って教えられなければならない。また、たとえそれ自体は真理であっても、まだ経験のない子どもの魂をして他の事柄について誤って考えるようにするようなものは避けねばならない。そして、子どもにその年齢において役にたつことを教えなければならない。子どもがそれを有用と自覚しないことを教えてもむだであることを知らなければならない。このように、ルソーは、有用ということによって子どもの発達に応じ、しかも必要に応じて知識を自ら学びとらせようとする。

このようにして得られた知識は、それが観念であることに特質がある。ルソーによれば「継続的もしくは同時のいくつかの諸感覚を比較することから、また、それによって生じる判断から、混合した複雑な一種の感覚が生まれる。」という。それが観念である。しかし、観念は厳密に感覚とは区別されるべきである。では感覚と観念はどのような点で異なるのであろうか。それは、ルソーによれば、感覚はその判断があくまでも受動的であるのに対して、観念はその判断が能動的であるという点である。すなわち感覚においては、われわれは感じている何かについてただそれを感じていると断言するだけである。これに対して観念においては、感覚が決定することのできない関係を引き合いに出し、比較し、決定する。このように理性の働きによって生じる観念が能動的であるのは、理性の本性が能動的であるからである。しかし、このような理性も感覚を前提としていると主張するところにルソーの特色をみることができる。

労働の相互依存性

すでに述べたように、ルソーはこの時期の子どもの特色として体力の余剰をあげ、それが将来のために「手」の中にも蓄えられるべきだとした。しかし、それは単に生活のためにのみ役だつのでなく、ルソーによれば、それは大きな教育的意義をもつものである。

まずそれは、人間の社会的関係の理解に役だつのであり、子どもが真の社会の一員となるのに先だって必要な観念の形成に役だつのである。こうしてルソーは、社会における人間の相互の依存について子どもに教えなければならなくなったときには、道徳の面から教えるよりも、産業と工芸に注意を向けさせるとよいという。そして、いろいろな工場に子どもを連れていって、実際に仕事をさせたり観察させたりするとよいとしている。ルソーはこのように実地教育を唱えるが、それは「一日説明してもらって得るよりも多くのものを、子どもは一時間の労働で得る。」からである。

また、社会的な相互依存性は、子どもに単に道具を使わせることによっても理解させることができるとルソーはいう。すなわち、子どもは道具を使用する際に、自分の道具を他に借したり、交換したりして使用することの利益がわかるようになる。こうして、子どもは交換ということが社会を成り立たしめているとがわかり、それによって、社会関係の観念を子どもの心に形成することができるとルソーは考える。

手に職を

社会的人間はすべて職業による労働の義務をもっている。ルソーは、無為のうちに食べている人間を泥棒であるとさえいい、国家からの年金生活者は通行人に迷惑をかける追剝《おいはぎ》であるとまでいっている。したがって、自らの生活は自らの労働によって営まれなければならないとされる。そしてルソーは、人間にとって、生活の糧《かて》を与えるものの中で、もっとも自然の状態に近いものは手仕事であるという。かれは、手仕事で生計をたてている職人の中に完全な自由をみている。職人はあらゆる身分のうちで運命と人間からもっとも独立しているものである。すなわち、職人は自分の労働だけに頼っており、農耕者のようにその収穫を他のものによって害されるようなことはない。このような意味で職人は自由であるという。そして、正直な職業は少なくとも人道と矛盾しないものでなければならず、それは同時に有用なものでなければならない。このようなことが職業を選ぶ際の根本原則になるとルソーはいっている。こうして、この時期の体力の余剰は手の中にも蓄えられなければならないとルソーは考える。

十五歳以後の教育

感情教育

われわれは二度生まれる

ルソーは、十五歳までは、子どもは健全な肉体をもち、また公正な精神をもつよう教育されるべきと考えている。しかし、この段階においては、子どもには、まだ真の人間と人間との関係、すなわち真の人倫関係がわからない。したがって、このような状態では、人間は本当の人生を生きているとはいえない。こうして、ルソーは、われわれは十五歳を境としてそれまでとは異なった人生を始めるという。すなわち、ルソーによれば、人間は二度生まれる。最初は存在するために生まれ、次いで生きるために生まれる。このことは換言すれば、一度は種《しゅ》として生まれ、次に性として生まれることを意味する。すなわち、人間はこの年齢になって性に目覚め、異性を意識するようになる。さらに、ここでは人間的なもので自らに関係のないものはなくなり、他人に対する感情が生まれる。したがって、人間がもはや孤立的でなくなるのはこの時からである。すなわち、このときに第二の人生が始まるのであり、これこそがわれわれの真の人生であるとルソーはいう。そして、このことは、人間が社会人となることを意味している。したがって、この第二の人生が始まることによって、真の教育も始まるということができよう。ここでルソーが目ざすことは感情の教育によって人間を完全にするということである。

自己愛

ルソーによれば、人間のもっとも基本的な衝動は自己愛であるという。すなわち、人間の最初の感情はその存在についてのものであり、また、その最初の顧慮は自己保存のそれである。これが自己愛を生む。しかもその自己愛は、人間が生来もっている自然の感情である。しかも他のいっさいは、ある意味ではその変形でしかないとルソーはいう。そして、ルソーにおいては、この自己愛は十五歳以前の子どもを支配していたものである。

DICTIONNAIRE
DE
MUSIQUE,
PAR J. J. ROUSSEAU.
Ut psallendi materiem discerent. Martian. Cap.
A PARIS,
Chez la Veuve Duchesne, Libraire, rue Saint Jacques, au Temple du Goût.
M. DCC. LXVIII.
Avec l'Approbation & Privilége du Roi.

「音楽辞典」

ところで、ルソーは、この自己愛がけっして自尊心もしくはエゴイズムではないことを強調して「自己愛はすべての動物をしてその自己保存に注意を向けるように導き、また、人間においては、理性によって導かれ、また、憐愍《れんびん》によって変容されて、人間性と徳とを生みだす自然の感情である。」という。したがって、それと似ている自尊心とは厳密に区別されねばならない。なぜならば「自尊心は、各個人を他人のことよりも自らのことを多くなすように導く、社会の中で生まれた相対的・人工的な感情でしかない」からであり、また、それは人間が互いにつくりあげるいっさいの悪を人間に注ぎ込むからである。しかしこれに反して、自己愛は常に善であり、われわれだけにしか関係しない。そしてそれは、われわれの真の欲求を満たすだけで満足しているものである。

憐愍

以上のような自己愛が、自らのみに関係する感情であるとすれば、憐愍は他との関係における感情である。このかぎりにおいて憐愍の情をもつことは、人間を社会的にする第一歩であるとルソーはいう。この憐愍は、自己愛から派生されるものであるが、ルソーは憐愍は「自然の秩序にしたがって人間の心に触れる最初の相対的な感情」といっている。

この憐愍の感情が生まれるのは、このように、他人との関係のもとにおいてであるが、ルソーによれば人間を社会的にするのは人間の弱さである。すなわち、人間のもつ人間としての弱さ、みじめさが人間を互いに憐れむべきものとさせる。ルソーは「すべての愛情は不十分であるということのあらわれである。」といっている。なぜならば、何ものも必要としない人間は何ものも愛することができないからである。したがって、われわれは、同胞のよろこびの感情によってよりも、苦痛の感情によって、同胞に愛情をもつということになる。すなわちルソーによれば、われわれは苦痛の感情に、われわれの性質の同一性と、われわれに対する同胞の愛情の保証をよりいっそうみるものであり、またわれわれの共通の不幸がわれわれを愛情によって一つにするという。そして、ルソーは、幸福な人の姿は、むしろ、われわれを嫉妬させるといっている。要するに、われわれは、本来、自らを不幸な人と同一化することによって他人を憐れみ、自己を超越するものなのである。

こうした最初の感情をはぐくむためには、子どもに人間の表面的な花やかさを見せて人間についての誤った考えをもたせてはいけないという。ルソーは、人間は生来みじめな存在なのである。ルソーによれば、ルソーはそれについて次のようにいっている。

「人間は生来、王様でも、高位高官の身分のものでもない。朝臣でも、金持ちでもない。すべての人は、人生の悲惨・苦痛・害悪・貧乏、そしてあらゆる種類の苦しみを免れることはできない。最後には、すべての人は死なければならない。ここに人間の真実がある。これこそ、人間の免れることのできないものである。」

このように、人間の憐れさを自らにおいてのみでなく、また、同胞の中に自らを感じるという仕方で感じることができるようになるとき、はじめて憐愍の感情は生まれる。これをもつことによって、人間は道徳的な秩序の中に入り、社会人への道を歩むようになるわけである。

感情教育の格律

以上のような「憐愍」の感情を養うための格律を、ルソーは次の三つにまとめている。

第一の格律――「人間の心は、われわれよりも幸福である人々の立場に自らをおいてみることはしないで、より憐れむべき人々の立場に自分をおいてみるものである。」

第二の格律――「われわれは、われわれ自身それから免れていないと自らおもう不幸のみを他人において憐れむ。」

第三の格律――「他人の不幸に対するわれわれの憐れみの情は、その不幸の量によって量《はか》られるのではなく、それを蒙《こう》むっている人に帰せられる感情によって量られる。」

このようにしてみれば、われわれの憐愍の感情は、われわれよりも不幸な人の身になって、自らがそのようになったときのことを想像することから生じるわけである。しかも、他人がその不幸によってどのように苦しんでいるかを想像してみることによって、それは真になる。

このようにして、ルソーは子どもにあらゆる人々を愛することを教えねばならないとしている。ここにルソーのいう感情教育の根本があるといえよう。

神

さて、ルソーは人間の行為の道徳性の根源を良心に求めている。そして、それが天の声であるかぎりにおいて、良心の問題は宗教と密接な関係がある。宗教の問題は「エミール」においては、とくに「サヴォワの助任司祭の信仰告白」の箇所で扱われている。ルソーが教育書である「エミール」で神の問題をとりあげたのは、もちろん、人間の道徳的完成には信仰が必要であると考えたことにもよるが、反宗教的であった「フィロゾフ」への批判からでもあったろう。

ところで、ルソーは神の存在をひきだすために、まず人間の存在から出発する。ルソーによれば、人間は感覚をもって存在している。この感覚は人間の中で起こるが、その原因は人間の外にある。このことは、人間の外部に物質が存在することを意味する。また、ルソーによれば、物質は休止と運動という二つのあり方で存在するが、運動は物質に本質的な特性ではないという。すなわち、物質は自らを動かす力をもたないものであり、運動するためには他から何らかの運動を受けなければならないものである。したがって、物質よりなる宇宙は外的な何らかの原因によって運動しているということになる。こうして、ルソーはそこに宇宙を動かし、自然に生気を与える一つの意志がなければならないと考える。しかも、その運動には一定の法則があることをみれば、そこにはまた、理知の存在を認めなければならないとルソーは考える。

以上のようにしてルソーは、宇宙を動かす意志と宇宙を一定の法則で支配する理知を認めることから、神をひきだしている。ルソーは神について次のようにいっている。

「欲し、為すことができる存在者、自ら能動的な存在者、つまり、たとえそれが何であっても、宇宙を動かし、すべてのものを秩序づけるこの存在者、それをわたくしは神と呼ぶ。わたくしはこの名称に、理知と力と意志の観念を一つにまとめて結びつけ、また、その必然的な結果である善の観念をそれに結びつける。」

ルソーによれば、以上のような神の崇拝は自然そのものによって教えられるものであるという。したがって、信仰のためには学問や知識は必要ではなく、かえってそれらの濫用は無信仰を生むという。こうしてルソーは、むしろ、人間は自然という、すべての人の目に開かれ、すべての人の魂にわかることばで書かれてある書物を読むべきであるとする。このことは、ルソーにあっては、信仰が人間の自然な感情である良心によって示されることを意味している。このかぎりで、ルソーの宗教は自然宗教の立場である。このような良心にもとづく宗教は、したがって、個人主義的な傾向をもつものともいえよう。しかし、後にみるように、人間が良心を働かせることによって徳をもち、社会的になるとすれば、ルソーにおいては、もはや宗教は単に個人的なものではなく、それは社会の成立の根本にもならなければならないものともいえよう。

良心

さて、ルソーによれば、人間は自由な存在であり、人間はその行為において自由である。ルソーは、このように人間が自由であるというとき、それは人間が悪をなすことにおいても自由であることを意味するという。ルソーは、なぜ神がそのように人間をつくったかということについて、悪は神の目にはとるにたらないものであるか、あるいは、神が悪を禁ずることは人間の自由を拘束し、かえって人間にさらに大きな悪をさせ、人間の本性を堕落させるかであるからと想像している。しかし、ルソーによれば、神が人間を自由につくったのは人間がその選択によって悪をなすようにではなく、善をするようにであるという。すなわち、神は人間が幸福を得ることができるように人間に自由を与えたという。ルソーは人間を不幸にし、邪悪なものにするのはその能力の濫用によってであるとしている。悪をつくるものは人間自身であり、悪は人間から生まれるものである。

では、いったい人間は善い行為に何によって導かれるのであろうか。ルソーにとっては、それはけっして高遠な哲学の原理によるのではない。それは、消すことのできない文字で自然によって書かれて心の奥底にあるものであり、良心である。また、ルソーによれば、それはあらゆる決疑論の中でもっともよいものであるという。したがって、われわれは自分がしたいと思っていることについては、自分自身に相談すればよいことになる。すなわち、自分がよいと感じているすべてはよく、悪いと感じているすべては悪なのである。

さて、このような良心の根底にあるものは自己愛である。ルソーは「クリストフ＝ボーモンへの手紙」（一七六二年）の中で、自己愛には二つの原理があって一つは感覚的で肉体の満足に向かうものであり、他は秩序の愛に向かうものであるといっている。人間を社会的にするものはこの後者であって、前者だけでは、人間は単に獣にすぎなくなってしまうとルソーはいう。そして、ルソーにおいて神の善が、また秩序の愛であるとされるかぎりにおいて、良心は究極的には神の善へと向かうものであり、神と良心は一致すべきものといえる。すでにみた自然宗教は、このようなところに成立するわけである。こうして、ルソーにおいては、良心は神聖な本能であり、不死であり天の声であるとされる。そして、良心は、無知で限りがあるが、知的で自由な存在の確実な指導者である。しかも、それは人間を神に似たものにする善悪の絶対に誤りをおかさない裁判官であり、それによって人間は自らの行動に道徳性をもつことができるようになるという。

以上のような良心の決定は、ルソーにあっては、感情的なものであるというところにその特色がある。これは、すでにみたように、良心が自己愛からの発展であるということからも明らかである。ルソーは、人間は善を欲し、悪を避けることを学ぶのではなく、こうした意志を自然から受けているという。また、人間は自分自身への愛が自然であると同じように、善を愛し、悪を憎むことは自然であり、生得的であるという。このことは、ルソーにおいては、人間が生得的に善についての認識をもっていることを意味しているのではない。人間はそのような認識もしくは観念をもっていないとルソーはいう。そして、ルソーは、理性が善を認めさせるとすぐに、良心は人間をしてそれを愛するようにさせるという。すなわち、ルソーにおいては、良心は「理性とともにしか発達しない」とされている。このように、善を知る理性もしくは知性も必要とされているが、しかし、感情としての良心は、あくまでも人間に自然であり、それはすべてに先行しているのである。したがって、また、ルソーにおいては良心に従うことは自然に従うことでもある。

このようにしてみれば、ルソーの思想の根本には感情の論理があるということができる。そして感情ということばでルソーが意味しているものは、かならずしも一様ではないが、しかし、いずれにしてもルソーにあっては、自然的なものとしての感情が理性の優位にあるとするところにその考えの特色がある。このことは、ディドロが自然的なものをむしろ理性としたのと対照的であり、したがって、ディドロが自然科学を重視したのに対して、むしろルソーが反科学的であることは、このようなところに由来しているといえよう。

以上のように、ルソーはこの時期の子どもの教育を感情教育を中心として行なうのであるが、その子どもがさらに社会を知ったり、あるいは人間を知ったりすることのために歴史や、すでにみた宗教についての、また、性についての教育、さらに諸経験が必要であるとしている。こうして徐々に人間としての完成が行なわれてゆくのである。

女子の教育

女性について

結婚による完成

ルソーによれば、人がいつまでも独身でいるのはよくないことであるという。人間としての教育を受けた人は、結婚によってさらに完成されねばならないからである。そしてルソーは性は驚嘆すべき社会的関係であるという。というのは、それからは、いわば女がその目であり、男がその腕である一つの道徳的人格が生まれるからである。これによって、真に人間は完全になることができるとルソーはいう。このような結婚を考えるとき、まず女性の特質を考えてみなければならない。

ルソーによれば、男女は性に属さないことにおいては、同じ器官をもち、同じ欲求をもち、また同じ能力をもっているという点ではなんら異なるところがないという。すなわち、両者は人間として同じなのである。そして男女の差は、性という観点からみるときに生じる。しかしルソーは、この差異によって男女についての優劣はいうことができないとする。このことは、ルソーにおいては、男女それぞれの独自性の強調を意味しており、また、このことは男女が互いに補い合わねばならないということを意味している。すなわち、かれによれば、「両性の結合において、それぞれは共通の目的に平等に共同する。」のである。しかし、それは同じ方法によってではない。そして、この方法の相違から双方の道徳的関係の中で定めることのできる最初の相違が生まれるのである。ルソーは、この男女の相違を、男の強さとその能動性に、また女の弱さとその受動性としてあげている。この強さと弱さ、もしくは能動性と受動性とが一つになることによってわれわれは人間として完全になるのである。したがって、男があくまでも男であることによってその価値をもつように、女は女であることによってその価値をもつわけであり、女は男としては価値がないのである。それゆえルソーは、女は女としての長所を伸ばすように教育されねばならないと主張する。

女の特性と義務

以上のように男とは異なった女の特異性をみるとき、そこには当然、女には女としての固有な義務がなければならないことになろう。

すでに述べたように、男女の差は、前者が能動的であるという点に、また、後者が受動的であるという点にあった。このことは、「男は必然的に欲しそれができなければならず、強い意志と力をもたなければならないが、女は少し抵抗すれば十分である。」ということにもなる。またルソーは、

「新エロイーズ」のさしえ
はじめての接吻

「女はとくに男に気に入られるためにつくられた。」という。要するにこれは女が弱い存在であるということである。そして、ルソーはさらにこのことを徹底させて「もし、女が男の気に入るように、また、征服されるためにつくられたとすれば、女は男に挑《いど》む代わりに男に快適なものにならねばならない。すなわち、女の力はその魅力にある。」といっている。こうしてみれば、女の第一の義務は、男に気に入られることにあるといえよう。そしてさらに、女はその魅力によって男の固有な力を発見させ、使用させねばならない。しかもルソーによれば、その力を駆り立てるのにもっとも確かな方法は、持ち前の抵抗によることであるといっている。カントは女について、それは拒むものといったが、それは、このようなことであろうか。

さて、女はさらに女であるがゆえに特別な義務をもつ。それは子どもを生み、育てるという義務である。そして、とくに子どもを育てるためには忍耐と優しさがなければならない。また、何ものにもくじけない熱心さと愛情とが必要である。さらに女の義務は父親とその子どもを結びつけ、一家の団欒《だんらん》をつくりあげるのに大きな役割を果たすことにあるという。こうした女の義務が果たされなければ、人類は滅んでしまうであろうとルソーは考える。

女子の教育

女性はただ化粧をし、家事をし、子どもを育てていればよく、まったく無知であってよいであろうか。ルソーは、それは自然の教えるところではないという。ルソーによれば「自然は、女性が考え、判断し、愛し、認識することを欲している。また、その精神を姿と同じように磨くことを欲している。そして、これらはいわば武器であって、自然はそれらを女にはない力を補うために、また男を導くために与えた。」のである。ルソーは、こうして女は、それにふさわしい多くのことを学ばねばならないという。このようにしてみれば、女はけっして男の単なる下女であってはいけない。ルソーは、男との関係において適当な教育が必要であるという。では、その適当ということは、いったい何によって決められるのであろうか。それはすでに述べた男女は互いに補い合わねばならないということによるのであるが、ルソーはそれを、さらに次のようにいっている。

「女と男は互いのためにつくられている。しかし、その相互の依存性は同等ではない。すなわち、男はその欲望によって女に依存している。また、女はその欲望およびその必要によって男に依存している。……女がその必要なものを得るためには、また、女がその状態にいるためには、男はそれを女に与えねばならない。男はそれを女に与えようと欲しなければならない。そして女がそれに価すると考えねばならない。……女は男の判断に属している。」

すなわち、ルソーは、女を男と同等にその独自性は認めるものの、女が男に依存し、むしろ従属するものとみている。しかし、それは女をまったく軽視するものでは

「新エロイーズ」の口絵

なく、自然によって女はそうなっているという考えであり、そして、その自然の与えた女の地位にふさわしい教育を説くのである。女は生み、育てるという点で、女のもつ影響力はきわめて大きい。その点から考えて女は教育されねばならない。このことについてルソーは次のようにいっている。

「まず、子どもの体質はその母親のよい体質次第である。人間の最初の教育は女の世話に依存している。さらに、男の品性・情熱・趣味・快楽・幸福さえもが女に依存している。したがって、女のすべての教育は男に相関的でなければならない。」

しかも、女の教育はむしろ、男のためのものでなければならない。なぜならば、それは女の義務が「男に気に入られること、男の役にたつこと、男の愛と尊敬をかち得ること、男を育てること、男の世話をすること、男を慰めること、相談相手となること、男の生活を快適なものに、また、心地よいものにすること」であるからである。そしてこれは、その幼少時から女に教えなければならないことであるが、ルソーによれば、もしこのような原則から離れて女の教育がなされるならば、それが男の教育と相関的であるということから、女の幸福にならないことはもちろんのこと、男の幸福にもならないという。

従順さの教育

女の教育が男のためであるという考えはルソーの女児のしつけについての考えにおいても、明確にあらわれている。ルソーによれば、女は従順でなければならない。なぜならば、女は男の判断に従わねばならないものだからである。このようにして、ルソーは女にもっともたいせつなものは従順であるとする。では、どのようにして従順のしつけはなされるべきであろうか。

まず、それには絶えず女児には仕事をさせておく必要がある。こうすれば拘束になれるからである。このことはきわめてたいせつである。なぜならば、女は生来、男に従うべくつくられてあるし、もしそうしなければ非常な不幸を受けることになるからである。したがって、女はこのようにしてふだんから束縛になれて、それを苦痛と感じないように教育されなければならない。習慣は第二の天性である。ただこの際に注意しなければならないことは、人は女児を従順にするのに、おどしたり、苦痛を与えてはいけないということである。

それでも女は強い

以上のように、ルソーの考えには一見して女性の軽視がみられる。しかし、女はただおとなしく男に服従して、男の奴隷のようになっていればよいのであろうか。あるいは化粧をして身を美しく飾り、男に気に入られるようにだけしていればよいのであろうか。ルソーは、これに対していなという。すなわち、ルソーは、男が女を支配するように、女も男を支配し、しかも、男に従いながら、支配しなければならないと考える。ルソーによれば、女は一種独特の能力および才知をもっている。もちろん、女の美しさも男を支配する力となるものであろう。しかし、それは年とともに衰えゆくものである。したがって女の真の知謀は才知でなければならない。それはルソーによれば「男を利用する術であり、また男に固有な優越を利用する術」である。これによって、女は男の奴隷となることなく、その伴侶《はんりょ》となることができる。ルソーによれば、このような才知があってこそ、よい家族関係が保たれるという。このような女の才知は繊細で絶え間ない観察以外の何ものにも由来しない。そして、それは、男の心の中に起こるものを各瞬間に気づかせ、男の各々の秘められた感情の動きに応じて、それをとめたり、促進するに必要な力をもつようにする。それは生まれつきのものであって、けっして学習によって得られるものではない。男はそれを女ほどにはもたないが、女にはそれは共通なものである。そして、ルソーは、女は明敏・看破力・繊細な観察力をいわば学問としてもっているという。そして、それを利用する能力こそ女の才能なのであるとする。

このようにしてみれば、女はけっして劣等な存在ではない。しかし、ルソーにおいて、このことはそのまま女が男に対する支配権をもつことを意味しない。ルソーはあくまでも、女は男の支配のもとにおかれるべきものであり、それなしには真の家庭の秩序は期待できないとする。要するに女は自らを支配する男を、その才知で上手に御することによって支配するのであって、男の支配が積極的な支配であるとすれば、女の支配は、あくまでも消極的な支配であるというべきであろう。ルソーは、女にその独特の才能や役割を認めるが、その自然からして、やはり男の権力のもとにおかれるべきとしている。このようにして、男女はそれぞれの特性に応じて互いに補うべきものであるとルソーは考える。

ソフィー（理想の女性　理想の結婚）

ルソーは「エミール」においてソフィーを登場させ、その主人公エミールの妻にしようとする。ソフィーも、エミールと同じように自然に合った教育を受けたものとされている。また、ソフィーは生まれがよく、気だてがよい。そして鋭い感受性をもっている。その容貌は普通であるが、好感がもて、しかも情があらわれている。服装は単純であるが、エレガンスである。どんな色が流行であるかを知らないが、どんな服がかの女をより完全なものにするかはわきまえている。また、ソフィーは生まれつきの才能をもっており、それを知っており、それをたいせつにする。ソフィーの心ははなやかというほどのものではないが、愉快なものである。それほど深いものではないが、しっかりしている。

ルソーとテレーズ

気質といえば非常に敏感なので、いつも同じ穏やかさをもつことはできない。しかし、それは他人に迷惑になるほどのものではない。また、単純ではあるが宗教心もある。かの女は徳を愛し、また、男と女の権利と義務とをわきまえている。社会のことはほとんど知らないでいる。しかし十五歳にもかかわらず、判断力は二十歳の女と同じほどに十分ついているという。

以上がソフィーのすべてである。ソフィーはルソーが一種の理想とした女性である。ルソーは、ソフィーが長じるにおよんでエミールと結婚させようとする。それは完全に人間と人間との結び付きであって、家とか財産の結び付きではない。結婚によって幸福になるのは、地位でもなければ財産でもない。結婚は当事者の人間の関係であるからである。ルソーはこれに関して次のようにいっている。

「結合には、自然の結合、制度による結合、それから、単に世論にしか由来しない結合がある。両親は後の二つのものについて判断するが、子どもはただ最初のものについて判断を下すものである。父親の権威によってなされる結婚においては、単に制度と世論の結合によって取り決めがなされている。すなわち、結婚をするのは人間ではない。それは地位と財産である。」

要するに、ルソーにおいては、結婚は、あくまでも子どもの権利が自由に賢明に使用されるべきなのである。すなわち、それは子どもの選択によるべきであって、親の選択でなされるべきではない。生まれや財産や身分よりも、自らに気に入り、その性格がふさわしい正直な人間であるということの方が問題なのである。ルソーは、ソフィーがその夫として選ぶものが、「もし腕をもち、品性をもち、また家庭を愛するなら、その財産はかなり大きいだろう。」といい、また、「もしかれが徳によってその地位を高貴にするなら、それは十分高いものだろう。」といっている。このように、ルソーは結婚においてその当事者の意志と人物を尊重している。

自由はどこに

さて、人間は結婚によって一家の主人となるとき、また同時に、国家の一員になるとルソーはいう。こうして、ルソーは人間が真に完全になるのは、国家もしくは社会の一員となることによってであるとする。そしてルソーによれば、人間が「他の存在との物理的な諸関係によって、また、他の人々との道徳的諸関係によって考察された後」に残されることは、「その同胞との市民的諸関係によって考察されること」である。したがって、ここでは市民としての義務が知らされなければならないのはもちろんであるが、政府一般の性質や種々な政体を研究し、最後に自分の生まれた国の政体を、自分がそこに住むのにふさわしいかどうかを知るために研究しなければならないとルソーはいう。そして、こうしたことのためには、社会という生きた書物によって学ばせることがよいと考えて、ルソーはエミールを二か年間の旅にだしている。しかし、国家もしくは社会の問題は「エミール」ではあまり詳しく語られておらず、それは「社会契約論」の問題となる。

ところで、ルソーにおいて真に完全な社会人となることは、けっして個人の自由を放棄することを意味していない。また、それは、社会によって個人がまったく拘束されてしまうことを意味していない。たとえば、ルソーは「エミール」においては人間は成人に達し自らの主人となることによって、自らがそれによって国家に結びつけられている契約を破棄してそこを去る自由があるとしている。ルソーは、あくまでも人間は生来自由であると考えている。また、「エミール」においては、人間を自由にするものは法律ではないとされている。法律の保護のもとには自由はなく、それは求めても無益である。そのもとには個人の利益と人間の情念しか支配するものはない。しかし、ルソーはそれに対して自然と秩序の永遠の法が存在しているという。それは、賢者においては実定法の代わりになるものであり、良心と理性によってその心の底に描かれている。自由になるためには、われわれはそれに従わねばならない。そして、自由はいかなる型の政府にもないという。ではそれはどこにあるのだろうか。ルソーは、それはただ自由人の心の中にだけあるという。

このようにみるとき、自由はあくまでも個人の中で、求められるべきものであるであろう。しかし、人間は現実になんらかの社会の中に生きなければならない。そのかぎりにおいて、その中で個人が自由を実現することのできるような理想の社会もしくは国家を考えなければならないであろう。

理想の国家——社会契約論——

社会契約

「エミール」と「社会契約論」

さて、われわれが自由と独立を保って生きるためには、どのような社会が理想的であろうか。「エミール」においてルソーが、「創造者の手から離れるとき、すべては善である。人間の手の中ではすべては堕落する。」というとき、ルソーは社会を呪《のろ》い、むしろ否定するかのようにみえる。人間が自然人であるためには、社会はかえって害を与えるばかりである。このようなルソーが、「社会契約論」をはじめ、その他の著作の中で、社会があって他のいっさいがあるとするとき、そこには大きな飛躍がみられるといってもよい。しかし、人間が社会の中にあって自由を求めなければならないとすれば、そのような自由が実現される理想的な社会が当然求められなければならないであろう。「エミール」においては、社会から離れていちおう裸《はだか》のままの人間が、すなわち人間の本性が考察されている。そして、その本来の姿をそのまま維持するためには、どのような社会が理想的であるかが考察されるのが「社会契約論」であるといってよい。もちろん、ルソーが政治もしくは社会に関して述べたものはほかにもあるが、ここでとりあげる「社会契約論」はそのもっとも代表的なものである。また、「エミール」においても、その最後の部分で政治思想が述べられているが、それは「社会契約論」の摘要といってよいものである。

自由への道

ルソーは、「社会契約論」の第一編第一章において次のようにいっている。

「人間は自由なものとして生まれた。そして、いたるところで鉄鎖につながれている。あるものは自ら他人の主人と思っている。そして、そのようなものはより以上に奴隷なのである。いかにしてこのような変化が生じたのであろうか。わたくしはそれを知らない。何がそれを正当なものにしているのであろうか。わたくしはこの問題を解くことができると信じている。」

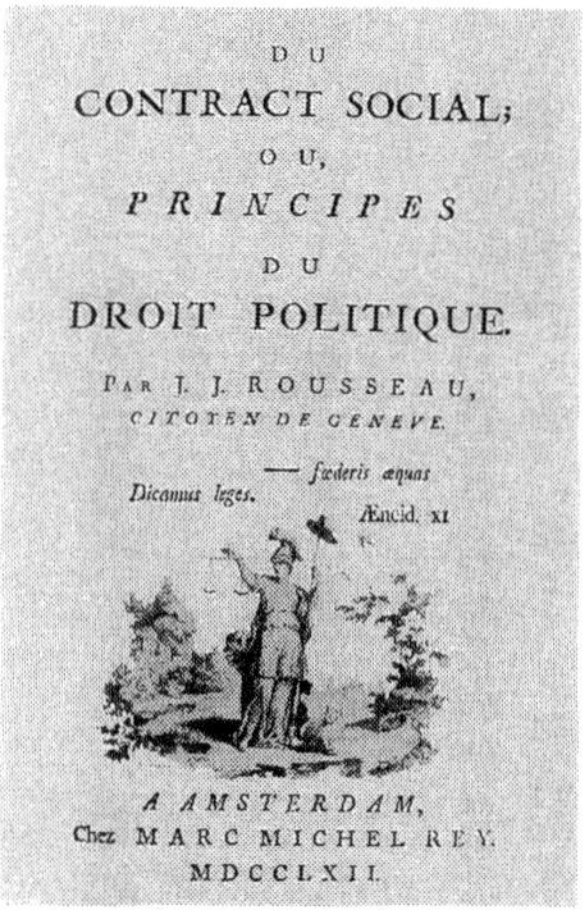

「社会契約論」

ルソーは、このように人間が生来自由であることをまず仮定している。しかし、人間にはもはやそのような自由はないと考えれば、われわれは自由になるためには、この社会を廃するか、もしくはなんらかの方法でそれを正しいものにするか、それ以外にはないであろう。われわれが人間である以上、社会をまったく廃してそのいっさいの束縛を振り払うことはできない。したがって、後者の道をとる以外にないであろう。ルソーは、「社会秩序は他のいっさいの権利の基礎となる神聖な権利である。」といっている。しかし、社会が、何らかの意味で人間の自由を束縛しがちであることは必然的である。そして、それにもかかわらず、人間が社会の中で生きねばならないかぎり、真の自由はかえって正しい社会秩序の中で実現されるべきものであり、また、人間が生来もっている自由は、そのような社会の中でのみ保たれなければならないであろう。「社会契約論」において、ルソーは、社会秩序を正当なものとすることによって、その中に真の自由を求めたのである。

力は立法の権利をもたない

ではいかにすれば、社会秩序は正当なものになるであろうか。まずそれは、暴力によるのではないことは確かであろう。ルソーは、暴力もしくは権力によって社会秩序を打ち立てようとは考えなかった。なぜならば、暴力は権利を与えないからである。ルソーは暴力について次のようにいっている。

「暴力は一つの物理的な力である。わたくしには、どんな道徳がその影響から結果するかわからない。力に屈服することは、必然からの行為であって、意志からの行為ではない。それはせいぜい賢慮からの行為である。いかなる意味で暴力に屈することが義務であることができようか。」

もし、われわれが暴力に屈服する義務をもつとすれば、それはその暴力が支配している間だけであるとルソーはいう。そして、それがひとたびなくなれば、われわれにはそれに従う義務はないとする。したがって、屈服の義務は暴力の属性ではないということになる。このことは、暴力が社会に対して立法する権利をもたないことを意味する。われわれは正当な力にしか従わなくてもよいからである。こうしてルソーは、暴力にのっとった社会はけっして正当なものであるということはできないとする。

既成の事実は正当な社会をつくるか

次に、ルソーは社会の成立に関して、まず、既成の事実を認めることから出発して、それ以前のことを考えず、それによって、そのような社会を正当であるとする考え方も批判している。そして、このような社会には最初から平等がなかったという考え方を否定する。こうしてルソーは、グロティウスが、いっさいの権力が統治されるもののために確立されているとしないのは間違っているとする。ルソーによれば、そのように考えるのは既成の事実から権利を確立する方法であって、その事実の成立以前のことを少しもみていないという。これと同じことは、アリストテレスにおいてもいえるという。すなわち、アリストテレスは、奴隷の存在する社会を認めたが、それが成立したのはその最初に暴力があり、それによって自然に反して奴隷にされてしまったものがあったからであり、その習いが性となり、いわば本性からの奴隷ができあがってしまったのである。暴力が社会の正当性を裏づけることができないことはすでにみた通りであるが、アリストテレスが、結果を原因にしており、既成の事実から社会、もしくは国家の成立を説くかぎりにおいて、そのような社会は合法的であるとはいえないとルソーは考える。

家族は政治社会の最初のモデルである

ルソーは、その最初から平等が存在する社会を家族に求める。そして、それが政治社会の最初のモデルであるとする。ルソーは、「あらゆる社会の中でもっとも古く、そして唯一《ゆいいつ》の自然的な社会は家族という社会である。」といっている。たしかに家族はその最初においては、自然によって結び付けられている。しかし、それは子どもが自らを保存するために、父親を必要として結び付けられている間だけであるとルソーはいう。そして、子どもが成長して父親に頼る必要がなくなり、また、父親も子どもの世話をする必要がなくなっても、なお家族が結び付いているとすれば、それは意志による結び付き以外の何ものでもないとルソーは考え、家族は約束によってのみ持続されるという。

以上のような父親と子どもとの合意によって家族が保たれるのと同じ原理に、社会の成立を求めるのがルソーである。そして、ルソーは、家族と政治社会を比較して次のようにいう。

「首領は父親のようであり、人民は子どものようである。そして、すべては平等で自由なものとして生まれたので、その有用性のためにしかその自由を譲渡しない。まったく異なるところは、家族においては子どもに対する父親の愛情は、子どもへの世話によって報いられるが、国家においては、首領はその人民に対しての愛情をもたず、それには命令するよろこびが代わるということにある。」

以上のように、ルソーは家族と社会との類似を認め、とくに首領も国民も自由で平等なものとして生まれたとしている。そして、その自由を譲渡するのはその有用性のためであり、自らに役だつ場合であるとしている。こうして、ルソーはなんらかの意味での合意に基く自由の譲渡による社会の成立に理想の国家の基礎を求めようとする。

真の社会の成立の基礎には、このように合意に基く、自由の譲渡がなければならないとしても、その譲渡が意味するものはいろいろある。

譲渡の意味

ルソーは、まず、すべての人民がその自由を譲渡して王の臣となることができるというグロティウスの説をあげている。そしてここでは、譲渡とは「与えること、もしくは、売ること」であると考える。しかし、たとえば身を売るとしても、奴隷ならそれによって生活することができるという意味があるが、普通の人民にとってそれはいったいどのような意味があるだろうか。人民は自らを売って何を得るのであろうか。人民はそれによって自らの生活の手段を何も与えられないであろう。それによって莫大な生活手段を得るのは、むしろ王であろう。このように一般人民はそれによって何も得るところはなく、たとえば専制君主のもとでは、人民は静かな生活でさえも保証されないであろう。そして、その野心による戦争や、そのあくことを知らない貪欲《どんよく》などによってかえって苦しめられるとすれば、一般人民はまたも何も得るところがないことになろう。このようにしてみれば、人民がそれによって何も得ることのできないような譲渡は、社会成立の真の基礎になることはできないことは明らかである。

ところで、ルソーはたとえ人が自分自身を譲渡することができるとしても、その子どもを譲渡する権利はその父親にはまったくないという。なぜならば、子どもは、人間として、また自由なものとして生まれているからである。たとえ子どもがまだ理性の年齢に達する前であっても、決定的に、また無条件的に、子どもを他人に与えることはできない。ルソーによれば、そのようなことは自然の目的に反することであり、父親の権利を越えることである。そして、このように子どもをその自由を無視して他人に与えるべきではないと同様に、われわれも無条件で自由を放棄すべきではない。われわれがそのように自由を放棄することは、人間たる資格を放棄することであり、また、それは人間の権利と義務を放棄することである。ルソーは、このようにすべてを放棄するものには、いかなる償いも可能とされないであろうし、こうした放棄は、人間の本性と相容れないことであるという。

以上のような子どもの自由をうばって他人に与えてしまう例や、また自ら自由を放棄する例から無条件で、一方では専制君主の絶対的権力を認め、また、他方では、果てしない服従を約束することはまったく空虚であり、矛盾であり、無効であるとルソーは考える。

さらにルソーは、戦争から生じる一つの約束による国家の成立の場合をとりあげている。それにおいては、勝者は、敗者を殺す権利をもっているので、敗者はその自由を犠牲にして自らの生命を買うことができる。そしてこのようなことは両者の利益となるので、それは一見、正当な約束であると考えられよう。しかし、このような約束に基づいて成立する国家は果たして正当であろうか。ルソーはそれが正当ではないことは明らかであるという。なぜならば人を殺す権利は何人にもないからである。また、ルソーはその権利は戦争状態から生じるものではないという。なぜであろうか。ルソーは、戦争はあくまでも国家と国家との間のものと考える。それはけっして個人対個人のものではない。国家間の関係としての戦争が起きたとき、その国民としての個人は、その国家の国民であるがゆえに、その国家を守るために、兵士として偶然敵となったのにすぎない。かれらが戦うのは国家の構成員としてでなく、また個人としてでも、人間としてでもないとルソーはいう。それはその国を守るものとして、すなわち兵士としてである。このことは、戦争において国家は国家だけを敵とすることができるのであって、けっして個人を敵とすることはできないことを意味している。なぜならば、異なった性質のものの間には、いかなる真の関係も定めることができないからである。したがって、戦争において人を殺す権利を認められるのは、兵士が武器をもってその国を守っている間だけである。戦争はあくまでも敵の国を破壊することにその目的があり、したがって兵士がひとたび武器を棄てれば、それを殺す権利はない。なぜならばかれはただ一個の人間に帰ったからである。要するに戦争において与えられる権利は、それに必要な権利だけであって、それ以外の権利は与えられないのである。

このようにしてみれば、勝者は敗者を殺す権利をもたないゆえに、それによって敗者を奴隷とする権利は少しもないことになる。すなわち、ルソーによれば、「人がなんら権利をもたない敗者の生命を自由とひきかえに買

エルムノンヴィルの
ルソーの部屋

わせるのは不正な交換」なのである。また、たとえここですべてのものを殺す権利という恐ろしい権利を仮定しても、奴隷もしくは征服された人は、強制されている間しか従わなくてもよく、あとは自由であるとルソーはいう。なぜならば、勝者は自由をうばっても敗者に何ものも与えていないからである。

　このようにして、ルソーは以上のいかなる場合においても、政治的社会の正当な成立原理を見いだすことができないとする。ルソーは、以上のような批判をとくに専制政治の場合のものとしているが、「これまで反駁《ばく》してきたいっさいを仮に是として認めても、専制政治の支持者は少しもよくならないであろう。」とルソーはいっている。すなわち、専制政治は人民を治めているのでなくて多数を服従させているだけである。そこには人数に関係がなく、単に一人の主人とその奴隷の関係しかない。統治者と人民の関係はないのである。

　しかし、すべての人民が一人の王に自らを譲渡するという考えは、もう少し考えてみる必要があろう。たとえば「人民は王に自らを与えることができる。」というグロティウスのことばの中には、人民は王に自らを与える前にすでに人民であるという意味が含まれているといえよう。すなわち、王に自らを譲渡する行為の前に人民が人民とならなければならないわけである。そして、このような贈与という行為の前に、それが一つの市民的行為であるかぎりにおいて、公衆の議決が前提される必要があろう。したがって、当然ここには、社会を真に成立させる契約思想が考えられなければならないことになる。

社会契約

では、ルソーのいう社会契約とは、いったいどのようなものであろうか。まず、ルソーにおいて、社会契約は自らの力と自由とを他人の有用のために譲渡することであるとされるが、このようなことがなぜなされねばならないかについて、ルソーは次のようにいっている。

「人間においては、自然の状態を保つために各個人が使うことができる力が、その自然の状態における保存を妨げる障害に勝つことができないようになったとわたくしは想像する。そのとき、この原始的状態はもはや存続することはできない。人類は、もしその存在の方法を変えないならば、滅亡するであろう。ところで人間は新しい力をつくりだすことはできず、単に現にある力を結合し、導くことしかできないので、そのままで生存しつづけるためには、障害の力に勝つことができる力の総和を集合することによってつくり、ただ一つの動力によってそれを動かし、そして、一致してその力を動かす以外に方法はない。」

ルソーはこのように自然状態にとどまることがもはやできなくなったということから、人間は社会契約をせざるをえないと考える。ここにルソーは社会の成立の基礎を求めているが、これは結局は、自然状態にとどまることのできない人間の弱さによるものである。しかし、こうして力の総和をはかる場合には、各人の力や自由を拘束するおそれがある。したがってルソーは、こうした力の総和によって社会契約が成立するとき問題になることは「各共同者の身体と財産を共同の全力で守り保護する、共同の一つの形式を発見すること。」であり、また、「それによって各人がすべての人に結ばれながら、自分自身にしか従わず、以前と同じように自由であること。」であると考える。これらは社会契約によって解決されるとするが、ルソーは、社会契約の条項は究極的には次のような一つのものになるとしている。

「各共同者をそのすべての権利とともに共同体にまったく譲渡すること。」

このような契約にしたがって社会契約が行なわれれば、各人はすべての人に自らを与えても、結局はだれにも自らを与えないことになるとルソーはいう。ここにおいては、自らが譲ったのと同じ権利を得ない共同者はいない。したがって、ひとは失うすべてと同じものを持ち、また、自らがもっているものを保存するためのより以上の力を得ることになるとルソーは考える。

ルソーは、こうして社会契約の内容を次のようにいっている。「われわれのおのおのは、一般意志の最高の指示にしたがって、身体とすべての力を共同のものにする。そして、われわれは各成員を全体から分かつことのできない部分としていっしょに受けとる。」

さて、以上のような社会契約においては、各人は、その力と自由とをまったく譲渡しなければならない。したがって、そこでは、すべての人の条件は等しくなる。それゆえ、だれか一人だけがなんらかの特殊な権利を譲り渡さないでもっていれば、社会は専制的となるか、無用のものになってしまうであろうとルソーは考える。このようにルソーにあっては、その社会契約の特質は、その力と自由の全面的譲渡にある。そして、国家はその神聖なる契約によって成立するのであるが、それに反することはいっさいしてはならないとルソーはいう。しかも社会契約を破ることは、自らを無にすることであるとされている。したがってひとたびそれを自らの意志で結べば、それを破棄することはできないものなのである。

このように考えれば、ひとは社会契約によって自由を失うことになるのではないだろうか。

国家と自由

このことをルソーに従って国家とその構成員との関係からみてみよう。

さて、ルソーにおいては社会契約は国家成立の基礎とされるが、国家は精神的で集合的な団体であり、公的な人格である。そしてルソーは、それは受動的に考えられたときは構成員からは国家と呼ばれ、能動的に考えられたときは主権者と呼ばれ、また同じものに比較されたときは列強と呼ばれるとしている。また、その構成員についていえば、集合的には人民、個別的に考えられたときには、それが主権に参加するものとして市民、また、国家の法律のもとにあるものとして臣民にそれぞれ区別されている。

ところで、ルソーによれば、契約によって生まれた国家は個々人によってしかつくられていないのであるから、それの利益に反する利害をもっておらず、したがって、臣民に対して国家の権力はいかなる保障をする必要もない。なぜならば、国家はその構成員を害そうと欲することができないからである。これに対して、臣民がその国家に対する関係はまったく異なる。すなわち、臣民は、主権者に従わなければならず、そこには服従の義務が要求されるとルソーは考える。それはなぜであろうか。各個人は、一般意志をもつと同時に人間として特殊意志をもっており、それが、しばしば公共の利益に反して私的な利益に従うことがあるからである。すなわち、個人が絶対的で本来独立している存在であるということから、個人は公共的な利益に対して負っているものを返すのは無料の寄付であるとしばしば考えがちであるからである。このようにして、自らの義務をなさず、権利だけを要求するとすれば、国家の存続はあやうくなるであろう。したがって、国家すなわち一般意志への服従がなされないときは、国家による強制がなければ、社会契約の意味はなくなってしまうであろう。

しかし、このような強制と自由とは相容れないものである。ルソーの社会契約の思想の中には、このように強制ということが含まれている。その力と自由とを全面的に譲渡し、強制的に国家に服従させなければならないとすれば、自由はまったくなくなってしまうことになるであろう。しかし、ルソーはその強制を自由への強制であると考える。なぜならば、そのようなことは、人が祖国に自らを与えることによって、すべての個人的な従属から自らを守るにはなくてはならない条件であるからである。また、そのようなことは、政治機関の手段と活動をつくりだし、市民的な参加を合法的なものにする唯一《ゆいいつ》の条件であるからである。こうして、われわれはかえって真に市民的な自由、もしくは社会的自由を得ることができるとルソーは考える。

このようなことは、社会契約以前の人間、すなわち自然的状態における人間と社会的人間の状態を比較してみればさらに明らかになるであろう。まず、その相違は、前者が本能にしたがって行動するのに対して、後者は理性にしたがって行為するというところに求められる。人間が社会契約によって社会状態に達すると、ルソーは、「義務の声が肉体的衝動について起こり、権利が欲望について起こる。」という。そして、「このようにして、それまでは自分自身のことしか考えなかった人間が、他の原理に基づいて動き、そしてその傾向性に聞く前に、理性に相談するようにされているのが認められる。」という。さらにルソーは、このような状態にあっては、人間は自然によって受けている多くの利益を捨てるとしても、かえって、それから非常に多くのものを得るという。すなわち、ルソーによれば、社会契約によって人間が失うものは自然的自由であり、また、それは、人間の心をひき、それを得ることができるすべてのものに対する無限の権利である。これに対して、社会契約によって人間が得るものは市民的自由であり、人間が所有しているものについてのすべての所有権である。しかも道徳的自由もこの社会状態において得ることのできるものである。なぜかといえば、すでに述べたように、社会状態においては、理性が支配しており、人間はもはや本能や衝動に従わず、自らは自らがたてる道徳法に従うからである。

このようにしてみれば、自らの力と自由とを社会契約によって強制的に全面的に譲渡することは、けっして自由を失うことではなく、なおいっそう自由を得ることなのである。

一般意志と主権

一般意志は何を目ざすか

以上からすれば、人間がその身体とそのいっさいの力を譲渡することによって奴隷となることなしに自由であるためには、社会的な団体が必要であり、しかも、各個人が自らのものとする法がすべてにおいてまったく同一のものであるということが必要である。そして、もしそのような法が可能であるとすれば、それは気紛《まぐ》れなものであってはならず、その成員であるすべての人が認めることのできるような一般的なものでなければならないであろう。また、それは人間の本性にまったく一致しているものでなければならず、それを外から押し付けられたものとして異質的なものと感じてもいけないであろう。ルソーは、そのようなものは、一般意志によらなければならないと考えたのである。

さて、一般意志は特殊意志と区別されなければならないが、さらに、それは全体意志とも区別されなければならない。ルソーは、「一般意志はただ共通の利益だけを考慮する。全体意志は個人の利益だけを考慮し、それは、個人の意志(特殊意志)の総和でしかない。」という。すなわち、このように各人の共通の利益を目的とする一般意志は、単なる各人の利益を目的とする特殊意志の全体とは厳密に区別されなければならない。そして、一般意志はルソーによれば、「互いに対立して否定し合う、もっとも多いものと、もっとも少ないものを特殊意志の中から差し引くと、その差引きの総和として残る」ものである。すなわち、全体意志の中から、それぞれの特殊な差異を引けば、そこに残る共通なものが一般意志である。こうしてルソーは、一般意志は、それが普遍的な主体、すなわち人民の意志であるという意味で一般的であるという。しかし、ここで注意すべきことは、ルソーは一般意志によって、むしろ共通の利益もしくは共通の善を強調しているということである。ルソーは「一般意志は常に公明正大であり、公共的な功利に向かっている。」といい、さらに、「個人の利益の対立が、もし社会の設立を必然的なものにしたとすれば、それを可能としたものは、個人の利益の一致である。社会の絆《きずな》を形成するものは、異なった利害の中に共通な利害があるということである。」といって、社会の成立に共通の利害の重要性を強調している。

したがって、一般意志は大多数の中にあらわれたものとしての特殊な意志の総和とそのまま同一視されてはならない。このことに関して、ルソーは「意志を一般化するものは、投票の数ではなくて、それを一致させる共通の利害」であるといっている。すなわち、全体の一致はかならずしも一般意志を生みだすものでなく、かえって特殊な意志を生みだすことがある。しかも投票の結果は、共通の利益に反するような法律を制定するかも知れないのである。

また、以上のような一般意志は、それが真に一般的であるためには、

ポプラ島

その本質においてと同様に、その対象においても一般的でなければならない。それが個人的な一定の対象に向けられるとき、その本来の公正さを失ってしまうとルソーはいう。

このようにして考えれば、一般意志が常により普遍的であり、よくあるためには、各成員がその意志をあらかじめ教えあわないで、意志の多くの相違があるまま、十分に討議した方がよいということになる。これによってルソーは、最大公約数である一般意志をひきだそうとする。この同じ理由から、社会の中にいくつかの一味徒党や部分的な社会ができて、それがその構成員のおのおのの意志の差異をかまわずに、それとして一般的な意志をもち、したがって、国家に対して一つの特殊意志をもったり、また、それが他の特殊社会に対して圧倒的となったりすれば、特殊意志の差異がなくなり、意志の普遍化があやうくなるとルソーは考える。したがって、ルソーは一般意志がよく表明されるためには、国家の中に部分的社会がなく、各市民が自らの意志に従って意見を述べることがたいせつであるとする。

以上のように、ルソーは一般意志を強調するが、ルソーにとっては一般意志は誤らないものである。これは一般意志が常に公共的な善を目ざしているからである。このように、ルソーにおいては、個人は本来その善を追求する権利をもっているという考えが国家にまで拡げられており、それはこのような意志をもつかぎりにおいて、国家は一つの道徳的な存在と考えられている。

主権について

主権の特質　国家は、すでにみたように一つの精神的団体であり、それが能動的にみられたとき、それは主権者と呼ばれた。そして主権は立法するものであり、しかも法は一般意志の公正な働き以外の何ものでもないとルソーにおいては考えられている。したがって、一般意志は主権と密接に結び付いており、そのかぎりにおいて、一般意志は主権の本質を考察することによってより明確にされることになる。ルソーにおいては、主権の本質は次の三つに分けられている。

(1)主権は譲渡することができない。

なぜならば、主権は一般意志の行使でしかなく、また、この意志は譲り渡されたり、移されたりすることはできないからである。もしそれが他に移すことができるとすれば、それは力もしくは権力である。このような考えが、ルソーをして人民はその権利を行使する代表者(代議士)を選ぶことはできず、選ぶことができるのは、せいぜい代理人であるといわせている。ルソーはこのことについて次のようにいっている。

「主権が譲り渡すことができないと同じ理由で、主権は代表されることはできない。それは本質的に一般意志に存する。そして意志は代表されない。意志は自分のものか、あるいは他人のものである。その中間はない。それゆえに、人民の代議士は一般意志を代表しているものでもないし、代表することもできない。かれらはその用達人でしかない。かれらは決定的に何ものも決めることはできない。人民がだれも批准しなかったいっさいの法律は無効である。それは法律ではない。」

要するに、ルソーは、主権者は集合的な存在以外の何ものでもなく、それ自体によってしか代表されないものなのであるとする。

(2) 主権は分割することができない。

ルソーによれば、主権が譲渡できないと同じ理由によって主権は分割することはできない。なぜならば一般意志の行使が主権であるが、それは分割できないかぎりにおいて一つであるからである。そしてもしそれを分割すれば、それは特殊意志となり、それの行使によっては主権となることはできないからである。たしかにわれわれは主権をさまざまな力に、すなわち立法権とか執行権とかに分けることができる。しかし、ルソーによれば執行権もしくは政府は主権でも、またその一部でもないという。それは法の執行に関係しているだけであって、単に主権の手段でしかない。ルソーは、主権を分割することができるという誤った考えは、主権につ

モン＝ブラン橋とルソー島（ジュネーヴ）

いての不正確な概念から生まれ、また、たとえば、法の適用というような単に主権からでているにすぎないものを主権の部分とするところから生まれているといっている。

(3)主権は一般的約束の範囲からでることはできない。

ルソーは、主権は社会契約によって、政治体が与えられた、その全成員に対する絶対的な力であるとする。それゆえ市民は主権が要求すれば、すぐに国家に対してなすことができるいっさいの奉仕をなす義務がある。しかし、ルソーは理不尽な要求を主権はなすことはできないという。なぜならば、主権者の意志としての一般意志は、すべての人民に不必要なことは要求することができないからである。このことはすなわち、すでにみたように、それは特殊な対象に向かってはならず、一般に向かわなければならないということ、しかも、一般意志を一般的にするものは、投票の数よりも、それを一致させる利害であるということからもわかるであろう。主権は、これを無視して、それから逸脱することはできない。主権はそれがいかに絶対的であり、神聖でおかすべからざるものであっても、一般的約束の範囲をでないし、またでることができない。

しかし、人民は何が真の共通の利益であり、また、何が真の幸福であるかをかならずしも知っているとはいえない。こうしてルソーは、主権者である人民が正しい善の観念をもって行為することができるように啓蒙する役目をもつのは立法者であるとしている。

立法権と立法者

さて、以上のような主権は一般意志の能動面であるが、その具体的な表現は法である。

ルソーは、主権者は立法権しかもっておらず、したがって法律によってしか行動しないものであると考えている。すなわち、法によってのみ一般的意志はそれとして働くことができるのであり、それ以外によっては働くことはできない。したがって一般意志が政治的に働くのは法を通してということになるが、ルソーは、法はその対象として一般的なものをもっているという。すなわち、法は、すべての人民がその意志によってすべての人民に規定したものであり、ここでは、すべての人民のことしか考えられていない。この意味で法の対象は一般的であり、ここに法が一般意志のあらわれである理由がある。したがって、法は意志が普遍的であると同時にその対象も普遍的であり、それがだれであっても一人の人間が自分の権威で命じたものは法ではないことになる。

このようにしてみれば、立法権は一般的意志の行為であることがわかるであろう。すなわち、それは国家の意志であるとされている。そして、ルソーによれば、たとえ人民はそれを望んでも譲渡できないこの立法権という権利を捨てることがないという。しかし、ルソーは、法をつくる立法者と立法権を分離して、立法者は立法権をもってはいけないと考える。立法者は主権者でもなければ、行政官でもない。ルソーは立法者の役割は、ただ人民の真の幸福が何であるかを啓蒙するという意味で諮問的でしかないと考えている。

理想の国家

以上においてルソーの社会契約思想、一般意志および主権についてみてきた。そして、主権者には立法権が属することをみたが、しかも、ルソーは、国家は法を実際に行なうための執行権をもつ政府なしにはその機能を果たすことはできないという。

国家の意志と力

さて、ルソーによれば、国家の執行権はその力であり、立法権はその意志である。そして、それらは本来区別されねばならないものである。すなわち、立法権は究極的には人民に属するものであるが、執行権を特徴づけるものは、ルソーによればそれが立法者や主権者としての一般の人民には属することができないということにあるという。これに反して、立法権はすでにみたように一般意志に固有な働きであり、それは人民にしか属することのできないものである。こうしてルソーは、このような特殊的な働きである執行権は、それが特殊的な行為から成り立つものであり、法律の領域外にあるかぎりにおいて、国家の働きであることはできないという。そして国家が意志と力とによってはじめてその機能をよく果たすことができるとすれば、国家の公共の力を結合して、それを一般意志の指導のもとで働かし、国

ルソー島（ジュネーヴ）のルソー像

家と主権者との間の連絡の役目を果たし、人間において魂と肉体との結合をなすようなものを、国家という公人において果たす適当な代理人が必要であるという。ここに国家にとって政府が必要な理由がある。すなわち、政府は、国家と人民との間の相互的な連絡をする公的な代理人であって、それは主権者と厳密に区別されなければならないものである。政府は単なる執行人にすぎないのであり、公僕なのである。そして、それは法を執行し、市民的・政治的自由を維持しなければならない団体である。そしてそれは、その団体の構成員が行政官、または王すなわち支配者と呼ばれ、その団体全部は統治者と呼ばれるものであるとルソーはいう。

さて、ルソーによれば、主権者である人民がその支配者のもとに身を委ねるのは契約ではない。それは単に委任、もしくは雇い入れでしかない。したがって、主権者はその執行権を自由に制限したり、修正したり、取り戻すことも、さらにはその執行人を解任することもできるわけである。だからルソーは政府の越権を防ぐために定期的な集会が必要であるとしている。そして、それにおいては、第一に「主権者は政府の現在の形態を保ちたいと思うか」ということ、第二に「人民は、現在委託している人々の手に管理をまかせたいか」ということについて投票して決めるべきであるとしている。もちろん、このようなことが可能であるためには、それが小さな国であることが必要であろう。

ところで、ルソーによれば、政府が国家と区別され、一つの存在と生命をもつためにも、また、その目的を達成するためにも、政府には特殊な自我とその成員に共通な感受性を、さらに、その保存に向かう力と固有な意志をもつことが必要であるという。しかし、このことは国家はそれ自身で存在し、政府はただ主権者によってのみ存在するという事実を変えない。このように政府が主権者に依存しているということは、政府を支配している意志が法であらわされた一般意志であるべきことを意味している。政府の活動は、あくまでもそれに従って行なわれなければならない。ルソーは政府は何よりも奉仕者であり、人民の主人であってはならないと考える。執行権は主権に従属しなければならない。もし執行権だけが支配すれば、国家は崩壊してしまうからである。

理想の国家

ではいったい、理想の国家、すなわち、理想の政体とは具体的にどのようなものであるとルソーは考えていたのであろうか。

ルソーは、あらゆる人民とあらゆる環境に適している理想的なよい政府の形態があると断言することを避けている。というのも、「あらゆる時代に、政府についてのもっともよい形態が論議されてきたが、その際にどの政府でもある場合にはもっともよく、ある場合にはもっとも悪いことが考えに入れられなかった。」のであり、簡単に断言できないからである。したがって、あえていうならば、それは「人民の絶対的な境遇と相対的な境遇との可能な組み合わせと同じだけのよい解答をもっている。」のである。こうして、ルソーは、君主政体は富裕な国民にしか適さないという。また貴族政体は、富においても、大きさにおいても、中ぐらいの国家にしか適さないし、また、民主政体は小さくて貧乏な国にしか適さないとする。したがって、それらはその条件にもっとも適したところで採用されるのでなければ、かえって悪いものとされるであろう。すべての国民に無条件でよいとされるもっともよい政体はないといわねばならない。

こうして、ルソーはそれぞれの政体をあげてその特色を述べている。ルソーによれば、民主政体はもし神の子がいるとすれば、それらがそれをとったであろうという。しかし、それは完全すぎて人間には向かないだろうといっている。そして、それは立法権と執行権とが区別されておらず、またそれは党派をつくり、内紛を起こすという。これに対して貴族政体は、主権と政府とが分かれているが、厳密な平等はない。しかし、自らの利益のためではなく、多くの人々の利益のために治めることが確実であるときには、もっとも賢いものが治めるのがもっともよく、また自然であるとルソーはいう。また、君主政体においては、人民の意志、支配者の意志および国家の公的な力と、政府の特殊な力はすべて同じ原動力に呼応しているとルソーはいう。すなわち、そこでは国家機関のゼンマイが一人の手の中にあり、すべては同一の目的で歩む。しかし、君主が自らの利益に向かって絶対の権力をふるうとき、人民の不幸は大きいものがあるとルソーは考える。

このようにしてみれば、すべてに特色があり欠点がある。そして、どれがもっともよい政体であるかは容易にはいえない。しかも、どのようなよい政体も、人間と同じように衰え死ぬものであるとルソーはいう。したがって、それをできるだけ健康に保ち、永く生かせるためには、最少限執行権と立法権とを分けることが必要である。またそのためには、すでにみたような定期的集会によって政府を変えることも必要であるとルソーはいっている。

ところで、ルソーは「人間不平等起源論」の中で、「わたくしは、その機構の働きが共通の幸福にしかけっして向かわないために、主権と人民とが唯一《ゆいいつ》で同じ利害しかもたない国に生まれたいと思ったでしょう。それは、人民と主権とが一つの人格でなければ生じないので、わたくしは適当な民主政体のもとで生まれたいと欲したであろう。」といい、さらにルソーは、「わたくしは自由に生き、そして死にたいと思ったでしょう。すなわち、わたくしであっても、誰であっても、法という名誉ある束縛を振り払うことのできない程に、法にしたがって生き、そして死にたいと思ったでしょう。」といっている。ルソーは、民主政体ということばを一定して使用してはおらず、ここでは広い意味をもってはいるが、それが、人民の主権としての政体を意味しているということは確かであろう。また、ルソーは次のようにもいっている。

「もし、わたくしがわたくしの誕生の場所を選ばねばならなかったとすれば、わたくしは、人間の能力の範囲によって限界づけられた、すなわち、よく統治される可能性によって限界づけられた大きさの社会を選んだであろう。そして、そこでは、各人はその仕事に十分な能力があるので、だれもその負わされている機能を他人に委任するべく強制されていないような社会を選んだであろう。そして、すべての個人が互いに知っており、かくれた悪行も、素朴な行ないも、公衆の視線と判断とをまぬがれることができないような国家を、また、互いに見、互いに識るというよい習慣が祖国愛を、土地への愛よりも、むしろ、市民たちへの愛にするような国家を選んだであろう。」

そして、そこではまた、定期的集会もよく行なわれるとルソーは考えている。

こうしてみれば、そこで自由が行なわれ、小さな、愛に満ちた平和な国家をルソーは考えていたということがわかるであろう。ルソーによれば、真の民主制はこれまでに存在しなかったし、これからも存在しないというのであるが、やはり人民主権の直接的な民主制がルソーの理想としたものであろう。

とこでルソーは、「社会契約論」の最後のところで、各市民にその義務を愛させるような市民的宗教をもつことが国家にとって極めて重要なことであるといっている。このことは、すでにみたように、道徳と宗教がルソーにおいては密接な関係にあったことからみてもうなずくことができよう。そして、それなくしては良い市民になることのできない、主権者の決めるべき市民的宗教の教義をルソーは、まず肯定的なものとしては、「力があり、聡明で、慈悲深い、先見の明があり、そして恵みを与えてくれる神の存在。来世の生活。正しいものの幸福。悪人への罰。社会契約と法の神聖。」であるとしている。さらに否定的教義については、「不寛容」をあげている。このようにルソーにあつては、宗教は社会思想においてもその根拠にあるといえよう。

ルソー年譜

西暦年	年齢	年譜	背景をなす社会的事件ならびに参考事項
一七一二	〇	六月二十八日、ジャン＝ジャック＝ルソー、ジュネーヴに生まれる。父はイザック＝ルソー、母はシュザンヌ＝ルソー 七月四日、母死す	ドゥナンでヴィラール戦争。結果、ユトレヒト会談が可能となる
一七二五	一三	四月二十六日、デュコマンのところに徒弟奉公にやられる（五年の契約）	ピコ「新科学原理」
一七二八	一六	三月十四日、ジュネーヴを去る 三月二十一日、アヌシーに着き、はじめてヴァラン夫人と会う	ジョージ二世即位 ヴォルテール、長編叙事詩「アンリヤード」
一七三〇〜一七三一	一八〜一九	ヴァラン夫人、パリに出発。ルソーはリヨン・フリブール・ローザンヌ・ヌーシャテル・ベルヌ・ソルール・パリ・リヨン・シャンベリーを旅行。この間、音楽を教える。パリでは下僕となる。後、サボワに行く	デュプレックス、シャデルナゴール（インド）の総督となる ダニエル＝ディフォー死す

一七三三	二一	ヴァラン夫人の恋人となる	ポーランド継承戦争始まる ジョン＝ケー、飛梭《とびひ》手織機を発明
一七三六	二四	夏から秋にかけてシャルメットに滞在	ウィーン仮条約（一七三五）
一七四〇	二八	四月、リヨンに行く。マブリ家の家庭教師になる 九月〜十月、サントーマリの教育草案をねる	オーストリア継承戦争
一七四二	三〇	一月(?)、シャルメットに滞在。楽譜の新しい表記法を考える 七月、パリに行く 八月二十二日、科学アカデミーで「新しい音符法に関する試案」発表	プロシア、オーストリア間のベルリン条約 フレデリック二世、シレジア併合
一七四三	三一	春、デュパン家に紹介される。また、フランクイユ氏に紹介される。「恋のミューズたち」を作り始める 六月、モンテギュ伯の秘書の地位を得る	
一七四五	三三	三月、テレーズ＝ルヴァスールと関係を始める 九月、「恋のミューズたち」をラ＝ポプリニエール氏とリシュリユー公の前で上演 このころコンディヤック、およびディドロと知り合う	

一七四六	三四	秋、デュパン夫人とフランクィユ氏の秘書となる 最初の子どもを捨てる	コンディヤック「人間の認識の起源についての試論」
一七四七	三五	デピネ夫人を知る	ラ＝メトリー「人間機械論」
一七四九	三七	一月、「百科全書」の音楽の項を書き始める 六月二十四日、ディドロ捕わる 十月、「学問芸術論」を書き始める	二十分の一税をはじめて課す ディドロ「盲文書簡」 ビュッフォン「博物誌」 ゲーテ生まれる
一七五〇	三八	六月九日、「学問芸術論」当選	フランクリン、避雷針を発明
一七五四	四二	一月一日、ルソーとテレーズは友人ゴフクールとともにジュネーヴに向かう シャンベリーでヴァラン夫人と会う。これが最後となった 八月、ジュネーヴの市民権を得る。プロテスタントに戻る 「人間不平等起源論」執筆	コンディヤック「感覚論」 ディドロ「自然の解釈」 コロンビア大学創立
一七五五	四三	夏、「人間不平等起源論」出版。「百科全書」の第五巻が出る。これには、ルソーの「政治経済論」がはいっている	リスボンの地震

一七五六	四四	四月、ルソー・テレーズ、およびルヴァスールはレルミタージュに移る 夏から秋にかけて「新エロイーズ」の構想が浮かび、執筆を始める	七年戦争勃発 ヴォルテール「リスボンの惨事」
一七五七	四五	一月、ウドゥト夫人はじめて、レルミタージュを訪れる 三月、ルソー・ディドロと争う 春から夏にかけて、ウドゥト夫人への愛高まる 十二月、ルソー・テレーズとともにモンモランシイ近くのモン‐ルイに移る	ディドロ「私生児」
一七五八	四六	夏、「演劇についてのダランベールへの手紙」	ツォルンドルフの戦い ヴォルテール「カンディード」 エルヴシウス「精神論」 ケネー「経済表」
一七五九	四七	五月、リュクサンブール公の城に滞在、「エミール」「社会契約論」を書く	
一七六一	四九	一月、「新エロイーズ」出版 「社会契約論」「エミール」完成	
一七六二	五〇	一月、「マルゼルブへの手紙」を書く	カザリン二世即位

		四月〜五月、「社会契約論」「エミール」出版 六月九日、「エミール」弾圧のため、フランスからのがれる。七月十日、モチエ着	ディドロ「ラモーの甥《おい》」
一七六三	五一	「クリストフ＝ボーモンへの手紙」出版	パリ条約
一七六四	五二	「山からの手紙」出版 十二月、「告白」を書く決心をする	フランス、イエズス会禁止 ヴォルテール「哲学辞典」 ハーグリーブズ、ジェニー紡績機を発明
一七六五	五三	二月、サン－ピエール島に始めて滞在（十日間） 九月六日、モチエの家が村人に石を投げられる 九月十二日、サン－ピエール島に移る 十月二十五日、ベルヌに行く 十月二十九日、ベルリンに向かう 十一月、フランス通過のためのパスポートを手に入れる。英国行きを決心	ディドロ「美術評論」（→六七） ワット、蒸気機関を改良 ブーガンヴィル、南氷洋を航海
一七六六	五四	十二月十六日、パリ着 一月四日、ヒュームとともにパリを出発 夏から秋にかけてヒュームと争う 「告白」第一部を書く	ロレーヌ州フランスに編入
一七六七	五五	三月十八日、ジョージ三世より年金を与えられる	ロシア軍ポーランドに侵入

		五月一日、テレーズとともにウートンを出発 六月二十一日、フランスに戻る 十一月、「音楽辞典」出版	
一七六八	五六	七月二十五日、ヴァラン夫人の墓参をシャンベリーでする 八月三十日、ブルゴワンでテレーズと正式に結婚	ロシア、トルコと開戦
一七六九	五七	十一月、「告白」の第二部の執筆を再び始める	
一七七〇	五八	十二月二十四日、「告白」完成 プゼイ侯爵邸で朗読会を行なう	東インド会社解散 ドルバック「自然の体系」 ヘーゲル生まれる ベートーヴェン生まれる
一七七一	五九	春、エグモント伯夫人邸で「告白」の朗読会を行なう 五月十日、デピネ夫人警察に朗読会禁止を要請	
一七七二	六〇	四月、「ポーランド統治論」完成 「対話—ルソー、ジャン＝ジャックを裁く」を書き始める	第一次ポーランド分割
一七七三	六一	「対話」を書き始める	ボーマルシェ「覚書」
一七七四	六二	「ダフニスとクロエ」を書く	ルイ十六世即位、チュルゴーの財政改革（→一七七六）

一七七五	六三	十月三十一日、「ピグマリオン」がコメディ－フランセーズで上演され成功	ゲーテ「若きヴェルテルの悩み」 アメリカ独立戦争 ボーマルシェ「セヴィラの理髪師」
一七七六	六四	「対話」完成 二月二十四日、ノートルダム寺院祭壇に「対話」の原稿を置こうとして失敗 四月、「正義と真理を愛するすべてのフランス人へ」を街上で配付 秋、「孤独な散歩者の夢想」の第一部を書き始める 十一月、「第二の散歩」を書く	アメリカ独立宣言
一七七七	六五	春から夏にかけて第三〜第七の「散歩」を書く	ネッケルの財政改革
一七七八	六六	三月、「第九の散歩」 四月十一日、「第十の散歩」を書き始めるが、途中でやめる 五月二十二日、エルムノンヴィルに行く 七月二日、死去（午前十一時） 七月四日、ポプラ島に埋葬	フランス、アメリカと同盟を結び、イギリスと開戦 アメリカ、フランスと同盟通商条約

一七九四		十月、ルソーの遺体、パリのパンテオンに移される	

参考文献

一 作品（邦訳のみ）

政治経済論　河野健二訳　昭26
新エロイーズ　安士正夫訳　昭36
社会契約論　桑原武夫・前川貞次郎訳　昭37
人間不平等起源論　本田喜代治・平岡昇訳　昭38
エミール　今野一雄訳　昭41
告白　桑原武夫訳　昭41
孤独な散歩者の夢想　今野一雄訳　昭41
以上　岩波書店

二 研究書その他

ルソーの教育思想　稲富栄次郎著　福村書店　昭24
ヒュームとルソー　山崎正一・串田孫一著　創元社　昭24
個人と社会　稲富栄次郎著　理想社　昭25
ルソー研究　桑原武夫編　岩波書店　昭26
ルソー　桑原武夫編　岩波書店　昭37
ルソー　押村襄　牧書店　昭39

さくいん

【書名】

【人名】

【事項】

―完―

K

ルソー■人と思想《しそう》14　　定価はカバーに表示

1969年 6 月15日　第 1 刷発行©
2015年 9 月10日　新装版第 1 刷発行©
2017年 5 月30日　新装版第 2 刷発行

・著　者 ……………………………中里《なかざと》　良二《りょうじ》
・発行者 ……………………………渡部　哲治
・印刷所 ……………………法規書籍印刷株式会社
・発行所 ……………………株式会社　清水書院

〒102-0072　東京都千代田区飯田橋3-11-6
Tel・03(5213)7151～7
振替口座・00130-3-5283
http://www.shimizushoin.co.jp

検印省略
落丁本・乱丁本は
おとりかえします。

CenturyBooks

Printed in Japan
ISBN978-4-389-42014-7

CenturyBooks

清水書院の〝センチュリーブックス〟発刊のことば

近年の科学技術の発達は、まことに目覚ましいものがあります。月世界への旅行も、近い将来のこととして、夢ではなくなりました。しかし、一方、人間性は疎外され、文化も、商品化されようとしていることも、否定できません。

いま、人間性の回復をはかり、先人の遺した偉大な文化を継承して、高貴な精神の城を守り、明日への創造に資することは、今世紀に生きる私たちの、重大な責務であると信じます。

私たちがここに、「センチュリーブックス」を刊行いたしますのは、人間形成期にある学生・生徒の諸君、職場にある若い世代に精神の糧を提供し、この責任の一端を果したいためであります。

ここに読者諸氏の豊かな人間性を讃えつつご愛読を願います。

一九六七年

SHIMIZU SHOIN